미술관에 사는 나무들

국립중앙도서관 출판시도서목록(CIP)

미술관에 사는 나무들 : 세상에서 가장 아름다운 붓 / 강판권 지음. — 파주 : 효형출판, 2011
p. ;   cm

ISBN 978-89-5872-102-4 03910 : ₩14000

한국화[韓國畵]

653.11-KDC5
759.9519-DDC21   CIP2011001483

세상에서 가장 아름다운 붓

미술관에 사는 나무들

강판권 지음

효형출판

책을 내며

숲 미술관 가는 길

나무는 세상에서 가장 뛰어난 화가다. 더 늦지 않고 불혹의 나이 즈음 세상에서 가장 뛰어난 화가를 만났으니 다행이다. 이런 행운을 얻을 수 있었던 것은 그림에 대한 끝없는 그리움 때문인지도 모른다. 나는 다른 재주도 부족했지만, 유독 그림에는 소질이 없었다. 정식으로 그림을 배운 적은 없어서인지 한 번도 내게 그림 재주가 없음을 원망한 적도 없다. 그래서 미술에 대한 갈증이 더 깊어졌는지 모른다.

나무를 공부하면서 얻은 깨달음 가운데 하나는 한 사람의 재주가 어린 시절에 모두 드러나지 않고 죽을 때까지 계속 드러날 수 있다는 것이다. 나무는 미술에 대한 나의 무지함이 여태껏 계기가 없었을 뿐임을 일깨워주었다. 모든 것을 나무로 보려는 나의 '미친 짓' 덕분에 나무가 등장하는 그림이 눈에 들어오기 시작했다. 그렇게 산수화에 대한 관심이 일었다. 나는 한국과 중국, 일본 그리고 세상에 존재하는 모든 그림을 나무로 읽기 시작했다. 나무의 눈으로 그림을 보니, 그림 속은 온통 나무로 가득했다. 그동안 멀게 느껴졌던 그림이 사실은 내 삶과 늘 같이했음을 깨달았다. 뒤늦은 깨달음이 이른 깨달음보다 몇 갑절 감동을 주듯이, 늦은 나이에 스스로 발견한 그림은 나를 황홀하게 만들었다.

산수화에 본격적으로 관심을 가지게 된 것은 《개자원화전芥子園畵傳》을 만나면서부터다. 중국의 명말청초明末淸初 이어李漁가 서문을 쓴 이 책은 중국과 한국, 일본의 산수화 교본이었다. 그러나 산수화에 관심을 가졌더라도 그림 자체에 대한 무지 때문에 깊은 공부에 한계가 있었다. 나무는 나에게 산수화, 나아가 그림 전반에 대한 이해를 높여줄 인연을 만들어주었다. 나무 관련 첫 책을 낸 직후 나는 한국화가 물푸레나무(변미영)를 만났다. 우리는 《개자원화전》의 〈수보樹譜〉를 읽었다.

〈수보〉를 펼치는 순간, 나는 놀라지 않을 수 없었다. 중국과 한국 산수화의 기본이 이곳에서 출발했다는 사실을 직접 확인했기 때문이기도 했지만, 그 내용이 상상 이상으로 자세했기 때문이다. 〈수보〉에는 나무 그리는 법을 다룬 수법樹法, 잎 그리는 법을 다룬 엽법葉法, 속을 비게 그린 채색법을 다룬 협엽급착색구등법夾葉及着色鉤藤法, 유명인의 마른 나무 그리는 제가고수법諸家枯樹法, 유명인의 잎 그리는 법을 다룬 제가엽수법諸家葉樹法, 유명인의 여러 나무 그리는 법을 다룬 제가잡수법諸家雜樹法, 유명인의 소나무와 측백나무와 버드나무 그리는 법을 다룬 제가송백류수법諸家松柏柳樹法, 파초·오동나무·꽃·갈대 그리는 법을 다룬 초동화죽겸단법蕉桐花竹兼葭法으로 구성되어있다. 각 분야마다 묘사한 그림은 나무를 직접 보지 않아도 나무의 특징을 알 수 있을 만큼 세밀하다. 나는 〈수보〉의 각 장면을 본 후 전통 산수화에 등장하는 구도를 쉽게 짐작할 수 있었다.

내가 《개자원화전》을 접할 수 있었던 까닭은 나무에 대한 관심 외에도 우연히 전공 분야와 지역이 일치했기 때문이다. 이 작품을 편찬한 이어는 내가 청대 강남의 농업 분야를 분석했던 난징南京에서 살았다. 이어가 난징에서 《개자원화전》을 편찬했다는 정보를 접하는 순간, 《개자원화전》이 이어의 별장 이름에서 유래했다는 사실을 확인하는 순간, 직접 보고 싶다는 강한 호기심을 억누를 수 없었다. 작품의 배경지를 찾아가는 길은 언제나 행복한 여정이다. 더욱이 우리나라가 아닌 이국 만리 중국 남쪽까지 오로지 《개자원화전》의 탄생지를 찾아가는 길은 흥분 그 자체였다.

《개자원화전》의 탄생지인 '개자원'은 땅 모양이 겨자의 씨를 닮았다 해서 붙여진 이름이다. 이어는 이곳에서 나빠진 건강을 추스르면서 작품을 편찬했다. 나는 어느 해 겨울 상하이에 도착해서 난징으로 가는 열차에 몸을 실었다. 4시간 남짓 지나 도착한 난징에서 곧장 개자원을 찾아나섰다. 그러나 개자원이 있었던 장소는 찾을 수 없었다. 현장으로 알려진 난징 성 근처에 갔지만, 그 어디에도 개자원을 알려주는 정보를 찾을 수 없었다. 이는 난징 사람들조차 이어의 작품 탄생지에 큰 관심이 없다는 뜻이다. 찾아간 곳에는 오염된 하천의 물만이 무심히 흐를 뿐이었다.

마음 같아선 하천을 따라 걸으면서 개자원의 흔적을 온몸으로 맡고 싶었지만, 난징 성과 맞닿은 하천이라 걷는 것조차도 불가능했다. 다소 허탈했지만, 결코 후회하지 않았다. 그동안 역사 현장이나 나무 답사 때 종종 비슷한 경험을 해 면역된 탓도 있지만, 사라진 개자원을 확인하는 것도 소중했고, 스스로 나의 열정을 존중하고 싶었기 때문이다. 그래서 몇 장의 사진에 만족하고 돌아오는 발걸음은 결코 무겁지 않았다. 오히려 하천에 비친 석양이 아름답게 느껴졌다.

산수화는 나무를 인문학으로 보려는 나의 시각을 한층 넓혀주었고, 어떤 분야든 나무로 볼 수 있다는 희망을 심어주었다. 그러자 산수화에 과연 어떤 나무가 등장하는지 무척 궁금했다. 그런 궁금증을 확인하기 위해 우리나라와 중국, 일본의 산수화 화보를 구입했다. 산수화를 보는 시간은 나무를 만나러 가는 것만큼이나 행복했다. 시에 등장하는 나무처럼 산수화에도 나무 이름이 분명한 것이 있었지만, 그렇지 못한 경우도 적지 않았다. 우리 산수화를 보면서 중국과 닮은 작품도 많지만, 중국과 다른 고유한 특징을 가진 작품도 많다는 사실을 발견했다. 특히 우리나라 화가가 중국에 직접 가지 않고 간접 경험을 통해 그린 작품을 보면서 그들의 상상력에 감탄했다. 나는 산수화를 통해 다시 한 번 상상력이 얼마나 중요한지를 절감했다. 산수화를 접하면서 의외로 화제畵題로 다뤄지는 나무의 종류가 많지 않음을 알게 되었다. 산수화에 등장하는 나무의 종류가 많지 않은 것은 이것들이 주로 사대부의 작품이고, 그들의 관심이 사군자를 비롯한 특정 나무에 국한되었기 때문이다. 그러나 작품에 등장하는 나무의 종류가 많지 않더라도 작가마다 나무를 묘사하는 방법이 달라 각각의 작품은 모두 나에게 큰 영감을 주었다.

월간 〈숲〉의 발행인 육상수 대표 덕분에 산수화에 대한 나의 관심이 그저 관심으로 끝나지 않고 다른 사람들과 함께 나눌 수 있게 되었다. 그를 만난 것도 2007년 나온 《나무열전》 때문이니, 이 인연도 나무 덕분이라 할 수 있다. 그해 여름, 인터뷰하러 갔다가 '나무로 읽는 산수화' 연재를 제의 받았다. 갑작스런 제의에 잠시 망설이긴 했지만, 평소의 꿈이었기에 무식하게 일을 저질러버렸다. 효형출판은 내가 저

지른 일을 수습해주었다.

　나무와 절실히 만난 지 십 년 만의 일이다. 십 년 만에 이루는 꿈이라 감개무량하지만, 그림에 대한 나의 무지는 여전하다. 특히 나의 무지와 욕심이 화가와 평론가의 마음을 불편하게 할까 두렵다. 이 책을 내면서 그들에게 부탁하고 싶은 것은 나처럼 무지한 사람의 다른 분야에 대한 관심이 결코 한 분야에 대한 모독은 아니라는 점이다. 아직도 나무 관련 전문가 중에는 나의 나무 관련 작품을 인정하지 않는 분이 있다. 신랄한 비판은 얼마든지 받아들이겠지만, 작품 자체를 인정하지 않는 것은 결코 수용할 수 없다. 어떤 분야든 처음부터 전문가는 없고, 전문가라면 오직 작품만으로 평가해야 하기 때문이다.

　이 책도 그동안 내가 펴낸 나무 관련 저서들처럼 나무에 대한 사랑의 표현에 지나지 않는다. 그래서 연재 과정에서 지면상 담지 못했던 내용을 상당 부분 보충했지만, 독자에게 감동을 주기에는 여러 면에서 부족하다는 것을 잘 안다. 다만 이번 책으로 그림에 대한 나의 그리움이 한층 깊어지고, 독자들도 나무를 통해 미술에 대한 관심이 높아지길 바랄 뿐이다. 아울러 산수화를 통해 산은 나무를 낳고, 나무는 물을 낳고, 물이 생명을 낳는다는 것을 다시 한 번 일깨우는 기회이길 바란다.

2011년 봄
궁산자락에서, 쥐똥나무

책을 내며 _ 숲 미술관 가는 길

산은 나무를 낳고, 나무는 다시 물을 낳는다
무릉도원에는 복사꽃이 피지 않는다 14
곽희의 산과 물을 만나다 25
적벽도에는 집이 없다 34
양팽손의 소나무 44
소상팔경 위에 조선의 상상력이 솜씨를 발하다 53
자연을 닮아야 살 수 있다 61
실과 허로 살고 있는가 72

나는 아직 기다리고 있을테요, 찬란한 슬픔의 봄을
부드러움이 강함을 이긴다 82
벽오동에서 비움의 지혜를 엿보다 90
인류의 생명수, 포도나무 98
해당화, 사대부의 꽃이 되다 106
최선을 다하는 삶은 석류처럼 아름답다 112
'모란'에 대한 몇 가지 사색 120
살구나무에 이르러 생을 논하라 127

쓸쓸해서 좋고, 단출해서 아름답다
단풍, 나를 태워 해탈로 향하다 136
공과 색의 인연으로 사는 구도자 144
파초가 가르쳐준 존재의 본질 152
벼랑 끝에 선 소나무의 기상 159
소처럼 우직한 사람이 그립다 169
섣달 초순, 분매에 물을 주어라 177
사라진 버드나무에 대한 오해 185

나무는 갈 곳을 정하지 않고, 매일 길을 나선다
상서로움으로 너를 만나다 196
움직이지 않고 움직이기 204
벽오동을 심은 뜻은 213
사랑도 평등할 때 아름답습니다 222
'비움'을 통한 득음의 기술 230
남방의 식물에 매혹된 이유 238
상상의 나무에 물을 내리며 247

참고문헌

산은 나무를 낳고, 나무는 다시 물을 낳는다

무릉도원에는 복사꽃이 피지 않는다
곽희의 산과 물을 만나다
적벽도에는 집이 없다
양팽손의 소나무
소상팔경 위에 조선의 상상력이 솜씨를 발하다
자연을 닮아야 살 수 있다
실과 허로 살고 있는가

무릉도원에는
복사꽃이 피지 않는다

욕망이라는 이름의 복사꽃

꿈은 언제나 '현실'에 뿌리박고 있어야 한다. 현실에 뿌리 내리지 않은 꿈은 망상일 뿐이다. 망상이 아닌 꿈은 언제나 모든 생명체의 희망이다. 인간도 꿈을 통해서만 삶의 에너지를 생산한다. 그러니 꿈을 꾸지 않으면 죽은 자나 마찬가지다. 나는 종종 나무 꿈을 꾼다. 꿈속에 나타나는 나무는 늘 현실에 존재하는 나무다. 물론 꿈에 등장하는 나무가 현실에 존재할지라도 동일한 것은 아니다. 꿈은 현실의 반영이지만, 현실 너머 존재하는 또 다른 피안彼岸이기 때문이다. 꿈과 현실은 색色과 공空, 공과 색 같은 관계다.

　안견安堅(?~?)의 〈몽유도원도夢遊桃源圖〉는 안평대군安平大君(1418~1453)이 꿈에서 본 것을 그렸다. 세종의 셋째 아들 안평대군 이용李瑢은 시서화 삼절詩書畵三絶을 이룰 만큼 뛰어난 능력을 가졌으면서 왜 자신의 꿈을 안견에게 그리게 했을까. 아마도 자신이 꾼 꿈이 워낙 특별해 직접 표현하기 부담스러웠거나, 위대한 작품으로 남기고 싶은 욕망이 작동한 때문인지 모른다. 그래서 자신보다 실력이 뛰어난 안견에게 부탁했을지도. 과연 안평대군은 어떤 꿈을 꿨을까? 〈몽유도원도〉 서문을 펼치면 지금부터 564년 전 안평대군의 꿈이 한 송이 꽃처럼 피어난다.

 1447년 4월 20일 밤, 막 잠이 들려는데 정신이 갑자기 아련해지면서 깊은 잠에 빠져 곧 꿈을 꿨다. 꿈속에서 인수(仁叟, 박팽년)와 함께 어느 산 아래에 도착했다. 겹겹의 산봉우리가 우뚝하고 골짜기는 그윽했으며 꽃이 핀 복사나무가 수십 그루 살고 있었다. 그리고 그 사이에 오솔길이 나있었다. 숲 가장자리에 이르자 갈림길이 나타났다. 어느 쪽으로 가야할지 몰라 머뭇거리고 있는데 산관야복山冠野服 차림의 한 사람을 만났다. 그는 정중히 고개를 숙여 인사하면서 나에게 "이 길을 따라 북쪽으로 휘저어 가면 바로 도원에 이릅니다." 라고 말했다.

 내가 인수와 함께 말을 채찍질하여 그 길을 찾아가니, 절벽은 깎아지른 듯 우뚝하고, 숲은 울창했으며, 시냇물은 굽이쳐 흘렀다. 길은 구불구불 백 번 꺾여 어느 길로 가야할지 몰랐다. 골짜기에 들어서니 확 트인 골짜기 넓이가 이삼 리 정도였다. 사방이 산으로 둘러싸여 구름과 안개가 자욱이 서려있고, 멀고 가까운 복사나무 숲에는 햇살이 비쳐 연기 같은 노을이 일고 있었다. 대나무 숲 띠풀 집의 사립문은 반쯤 열려있고, 흙으로 만든 섬돌은 거의 무너져있었다. 닭이나 개, 마소 등은 없었다. 마을 앞 시냇물에는 조각배 한 척만이 물결 따라 흔들리고 있었으니, 그 쓸쓸한 정경이 마치 신선이 사는 곳 같았다.

이에 한참을 머뭇거리면서 바라보다가 인수에게 "암벽에 기둥을 엮고 골짜기를 뚫어 집을 짓는다는 것이 바로 이런 경우가 아니겠는가? 이곳이 진정 도원동이로다."라고 말했다. 마침 뒤따르던 정부貞父(최항), 범옹泛翁(신숙주)

등이 운을 맞춰 시를 지었다. 이윽고 신발을 가다듬고 함께 걸어 내려오면서 좌우를 돌아보며 즐기다가 홀연히 잠에서 깨어났다.

오호라! 큰 도시는 변화하여 이름난 벼슬아치들이 사는 곳이고, 절벽이 깎아지른 골짜기는 조용히 숨은 자가 사는 곳이다. 이런 까닭에 오색찬란한 의복을 몸에 걸친 자의 발걸음은 산림山林에 이르지 못하고, 바위 위로 흐르는 물을 보며 마음을 닦는 자는 꿈속에서도 솟을대문과 고대광실高臺廣室을 생각하지 않는다. 이는 고요함과 시끄러움이 길을 달리하기 때문이니, 당연한 이치다. 옛사람은 "낮에 행한 것을 밤에 꿈꾼다."고 했다. 그런데 나는 궁궐에 몸을 의탁하여 일에 몰두하고 있는 터에 어찌하여 산림에 이르는 꿈을 꿨는가? 또 어떻게 도원에 이를 수 있었는가? 내가 좋아하는 사람이 많은데도 하필이 몇 사람뿐인가? 생각건대 본래 그윽하고 궁벽한 곳을 좋아하며 전부터 산수자연을 좋아했으며, 아울러 이들 몇 사람과 교분이 특별히 두터웠기에 함께 도원에 이를 수 있었으리라. 이에 가도可度(안견)에게 그림을 그리게 했다. 옛날부터 일컫던 도원이 진정 이와 같을까? 뒷날 이 그림을 보는 사람들이 옛날 그림을 구하여 나의 꿈과 비교하면 무슨 말이 있을 것이다. 꿈을 꾼 지 사흘 만에 그림이 완성되었다. 비해당匪懈堂 매죽헌梅竹軒에서 이 글을 쓰노라.

안평대군의 예언대로 적지 않은 사람이 〈몽유도원도〉에 대해 언급했지만, 나도 그의 꿈에 대해 한마디 하련다. 〈몽유도원도〉는 안평대군의 꿈 이야기는 그가 계유정난癸酉靖難(1453)으로 서른여섯의 젊은 나이로 죽기 6년 전 일이다. 꿈속에 등장한 박팽년도 안평대군처럼 세조의 손에 죽었다는 점을 상기하면, 안평대군의 꿈은 마치 자신의 미래를 예측하는 예언서 같다. 안평대군의 꿈을 3일 만에 완성한 안견의 솜씨도 꿈 같다. 그가 신령스러운 솜씨로 몽유도원도를 그릴 수 있었던 것은 꿈의 주인공인 안평대군의 적극적인 후원으로 자신의 능력을 마음껏 발휘할 수 있었기 때문이다. 그래서 안견은 그 누구보다도 행복한 사람이었다. 그는 종6품까지만 승진할 수 있는 화원畫員이었지만 정4품까지 승진하는 행운을 거머쥐었다.

안평대군이 꿈을 꾼 4월 20일은 복사꽃이 만발하는 시기다. 많고 많은 꽃 중에서도 복사꽃 꿈을 꾼 것은 "낮에 행한 것을 밤에 꿈꾼다."는 지적처럼 현실의 반영이자 숨겨진 욕망의 실체다. 안평대군의 꿈에는 당시 자신과 함께 어울렸던 박팽년, 최항, 신숙주 같은 인물이 등장하고, 평소 즐기던 대로 운을 맞춰 시를 짓기도 한다. 장소만 다를 뿐. 안평대군이 평소 친분 있는 사람들과 다른 곳도 아닌 도원에 도착할 수 있었던 것은 그곳이 바로 평소 그가 늘 꿈꾸던 이상향이었기 때문이다. 그런데 왜 그는 하필 도원을 이상향으로 생각했을까. 안평대군이 이상향으로 생각한 도원은 우연히 생긴 게 아니다.

도원은 단순히 '복사나무골'을 의미하지 않는다. 하나의 단어가 상징화 과정을 거치면 단순한 의미가 거창한 의미로 바뀐다. 그래서 우리는 도원을 '별천지'로 인식한다. 한 번 상징화 과정을 거친 단어는 오랜 세월동안 인간의 기억을 지배한다. 우리는 이제 복사나무를 잎 떨어지는 중간키 정도의 장미과 나무로만 인식하지 않고, 이 세상에 존재하지 않는 이상 세계와 관련한 나무로 생각한다. 하나의 상징화 과정에는 대개 원류源流가 있다. 현재 복사나무를 이상 세계로 인식하는 것은 도연명陶淵明(365~427)의 《도화원기桃花源記》 때문이다. 무릉도원武陵桃源처럼 〈몽유도원도〉에서도 만발한 복사꽃을 볼 수 있다. 요즘은 복사꽃도 개량하는 탓에 종류가 여러 가지지만 사람들 기억 속에 자리 잡은 복사꽃은 분홍색이다. 사랑의 색깔은 복사나무의 색인

안견, 〈몽유도원도夢遊桃源圖〉(부분)

안평대군이 꿈에서 본 것을 안견이 그린 작품이다.
병풍처럼 둘러싸인 곳에 핀 복사꽃이 세파에 찌든 사람들을 유혹할 만하다.
복사꽃이 떨어지면 화려한 꿈도 사라질까 두렵다.

〈몽유도원도〉는 그림 부분과 발문을 포함해 두 개의 두루마리로 되어있다.
두루마리의 길이는 각각 11.2미터, 8.57미터. 둘을 합하면 전체 길이는 20미터에 달한다.
〈몽유도원도〉 화면의 내용 전개는 보통 그림들과 반대로
왼쪽 현실 세계에서 오른쪽 도원 방향으로 진행된다.
크게 보아 왼쪽 아래 모서리에서 오른쪽 위 모서리로 이어지는 대각선을 중심 축으로
이야기의 기승전결을 표현하듯 그렸다. 각 부분마다 포착한 시점視點도 달라서
삼원법三遠法을 따른 동양 원근법의 한 전형을 보여준다고 할 만하다.
이에 걸맞는 필묵법도 다양하게 구사했다.

도색桃色이다. 그러니 복사나무는 이상 세계를 이끄는 길잡이고, 이상 세계는 다시 사랑을 낳는다.

도색은 '도색잡지' 등의 단어에서 보듯 선정적인 이미지로 남아있다. 여기서 '선정煽情'은 정을 부추기는 행위다. 복사꽃은 인간의 정을 부추긴다. 그러나 '선정적'이라는 단어에는 부정적인 이미지가 산수화의 담묵처럼 배어있다. 사람들은 복사꽃을 이상 세계로 묘사하면서도 왜 같은 꽃을 부정적으로 볼까? 대체 복사꽃을 부정적인 이미지로 본 사람은 누굴까? 아마 욕망을 부정적으로 보는 사람일 게다.

거대 담론인 욕망을 바라보는 시각은 다양하지만, 많은 사람이 욕망을 억제 혹은 제거의 대상으로 바라본다. 일상에서 "욕심을 버려야지.", "마음을 비워야지." 하는 말을 자주 듣는다. 뭔가 큰일을 할 때마다 사람들은 "마음을 비운다."고 말한다. 정말 마음을 비울 수 있다면, 마음을 밖으로 드러낼 수도 있을 것이다. 마찬가지로 복사꽃이 욕망을 선동한다면, 꽃을 꺾으면 그만이다. 그러나 아무리 마음을 비우려 해도 마음은 사라지지 않고, 복사꽃을 꺾어도 꽃은 다시 핀다. 과연 우리에게 비울 마음이 있는가? 우리가 꺾을 복사꽃은 있는가?

비운다고 비워지면 그건 마음이 아닐 테고, 꺾는다고 사라지면 그건 꽃이 아닐 것이다. 욕망은 제거한다고 제거할 수 있는 것이 아니다. 욕망에 대한 부정적인 인식을 버리면 복사꽃이 더 이상 선정적으로 보이지 않는다. 복사꽃을 억지로 꺾지 않으면 마음은 비울 필요조차 없다. 나는 욕망을 제거의 대상이 아니라 단지 위치를 옮기는 '전위轉位'의 대상으로 바라본다. 욕망을 걷어내면 인간은 존재할 수 없다. 인간 자체가 욕망으로 가득한 존재이기 때문이다. 식물의 꽃은 생존 행위다. 꽃을 선정적으로 바라보면 생명을 부정하는 것이다.

안평대군을 만나는 법

세종대왕의 셋째 아들 안평대군이 복사꽃 만발한 곳에서 신숙주·박팽년 등과 함께 어울린 것은 어떤 욕망인가. 이들은 평소 잘 아는 사이다. 이들이 복사꽃에서 만난 것은 이상 세계를 향한 강한 욕구일지도 모른다. 그들이 어떤 이상 세계를 꿈꿨는지는 알 수 없지만, 이들 모두가 세종대왕의 측근이라는 점을 감안하면 그들의 꿈은 백성과 더불어 잘사는 세상이었을지도. 그림에는 이들의 모습이 보이지 않지만, 어디엔가 분명 있을 것이다. 보이지 않는다고 없는 건 아니기 때문이다. 배가 있으면 복사꽃 밭에 사람이 있을 터.

나는 안견이 세종 29년(1447) 음력 4월 21일에서 23일까지 사흘 만에 그린 그림을 보면서 복사나무가 과연 몇 그루인가 세어보았다. 안견은 복사나무를 몇 그루나 그렸을까? 그림 속 복사나무는 아무리 세어봐도 몇 그루인지 알 수 없다. 셀 때마다 다르기 때문이다. 한 그루를 세고 나면 한 그루가 사라진다. 그러나 나무는 결코 사라지지 않는다. 이 세상에 사라지는 것은 없으므로. 세다가 사라진 복사나무는 곧내 마음으로 들어온다. 그리고 내 마음에서 자라 다시 그림으로 옮겨간다. 그러니 〈몽유도원도〉에 등장하는 복사나무는 셀 때마다 다를 수밖에. 혹자는 이 그림을 중국 북송 시대의 곽희파郭熙派 화풍을 모방했다고 평가하지만, 이 세상의 모든 존재는 모방에서 벗어날 수 없다. 삶 자체가 모방이기 때문이다. 모방과 창조는 반대 개념이 아니다. 꿈과 현실처럼 모방과 창조도 공과 색 같은 관계다.

그림을 의미하는 한자 중 하나가 '회繪'다. 이 글자는 비단에 다섯 가지 실로 수를 놓는 모습을 본뜬 것이다. 〈몽유도원도〉도 비단에 그린 것이다. 그래서 회화繪畫는 한자상으로 '비단에 그린 그림'을 의미한다. 공자는 비단에 그리는 그림을 '회사후소繪事後素'라 표현했다. 이 말은 '그림 그리는 일은 흰 비단을 마련한 뒤에 한다.'는 뜻이다. 공자의 이 말은 중국화의 가장 이른 시기 화론畵論으로 꼽힌다. 이는 '그림과 마찬가지로 사람의 자질도 바탕이 중요하다.'는 뜻이다. 그림을 보는 법도 마찬가지다. 〈몽유도원도〉에서 복사나무를 모른다면, 복사나무를 상상하지 않는다면, 안평대군과 안견을 만날 수 없다.

흔히 안견의 화풍을 중국 북송北宋의 산수화가인 곽희郭熙(?~?)의 영향으로 평가한다. 〈몽유도원도〉를 보고 있노라면 곽희의 작품을 연상시키는 부분이 적지 않다. 그러나 기법은 곽희에게 배웠더라도 '산수'는 그 누구의 전유물일 수 없다. 〈몽유도원도〉는 안평대군의 꿈을 바탕으로 그렸지만, 결국 안견의 꿈이다. 안평대군이 안견의 그림을 자신의 꿈으로 인정한 것은 안견의 숨겨진 욕망을 의심하지 않았기 때문이다. 〈몽유도원도〉가 이 세상에 나올 수 있었던 것은 안평대군과 안견이 꿈이 절묘하게 일치했기 때문이다.

이 세상에서 가장 불행한 사람은 꿈을 꾸지 않는 사람이다. 그런데 왜 하필 사람들은 다른 나무도 아닌 복사나무와 관련해서 꿈을 꿀까. 유비·관우·장비가 의형제를 맺고 원대한 꿈을 꾼 곳도 만발한 복사나무 아래였다. 이처럼 과거 사람들이 복사나무 아래서 원대한 꿈을 꾸는 것은 이 시절이 가장 힘들기 때문이다. 가장 힘들 때 혁명을 꿈꾸는 것과 같은 이치다. 유비 등이 복사꽃 만발할 때 만난 것도 이때가 흔히 '보릿고개'로 불리는 춘궁기였기 때문이다. 우리 조상이 이팝나무 꽃을 '하얀 쌀밥'으로 생각했듯이 춘궁기에 복사꽃을 보노라면, 단순히 꽃이 아니라 현실을 타개할 수 있는 강력한 힘이라 여기게 된다. 특히 서왕모의 복숭아를 훔친 동방삭이 삼천 년을 살았다는 이야기와 복사

작자 미상, 〈벽도도碧桃圖〉
흰 꽃이 핀 벽도나무 그림은
꽃의 풍성함과 색깔의 차가움을
동시에 느끼게 한다.
잎을 압도하는 풍성한 꽃과
그 아래 꽃봉오리가
마치 모녀처럼 정겹다.

나무가 사악한 기운을 물리치는 '벽사辟邪의 힘'을 가진 나무임을 떠올리면, 복사나무는 언제나 꿈꾸는 자와 함께 등장하는 나무다.

중국 원산의 복사나무는 서왕모도西王母桃, 곤륜도崑崙桃, 시월동도十月冬桃, 선인도仙人桃, 설도雪桃 등 다양한 이름으로 불린다. 진대晉代에는 조도早桃, 중도中桃, 만도晚桃 등 품종의 분화도 나타났다. 복사나무의 색깔도 송대 무명씨의 〈벽도도〉처럼 흰색도 있다. 무명씨의 작품에서 등장하는 벽도는 꽃들이 첩첩으로 쌓여 있는 만첩벽도다. 만개한 벽도는 홑꽃보다 풍성한 느낌을 준다. 벽도도 일반 복숭아처럼 중국은 물론 조선시대에서 장수長壽의 과일로 여겼다. 청말 임백년任伯年(1840~1896)의 〈춘도春桃〉는 만개한 꽃과 필듯말듯한 꽃봉오리 간의 조화가 눈길을 끈다. 임백년은 서양 제국주의 국가들의 중국 침략 이후, 회화의 양식 변화를 추구한 사람이다. 나는 그의 작품 중 아직 피지 못한 꽃봉오리에서 제국주의 침략으로 고통받았던 역사의 아픔을 읽는다.

아픔과 고통 없이 피는 꽃이 어디 있으랴만, 사람이든 식물이든 적

임백년, 〈춘도春桃〉
봄날의 복사꽃을 그렸다. 잎과 엉킨 복사꽃이 방금 잠에서 깬 모습처럼 푸석하다.
꽃샘추위를 무릅쓰고 하늘로 뻗은 나뭇가지의 기상이 가상하다.

합한 때를 기다리는 '시중時中'이야말로 하나의 '격格'을 만드는 법이다. 공자가 언급한 '시중지도時中之道'는 한 생명체가 살아가는 변화무쌍한 세상살이에서 도달해야 할 목표다. 한 송이 복사꽃도 마음껏 피어나야만 고귀한 또 다른 생명체를 잉태할 수 있고, 또 다른 생명체를 잉태해야만 다른 생명체들도 선순환으로 살아갈 수 있다.

곽희의 산과 물을 만나다

우리의 스승, 산수山水

'산山'은 '산産'이다. 산은 만물을 낳는다. 그래서 산이 나무를 낳고, 나무는 다시 물을 낳는다. 그래서 산과 나무(山林)는 생명의 원천이다. 산에서 내려간 물은 다시 밑으로 내려가 바다를 만든다. 바다는 산에서 내려온 그 어떤 물도 거부하지 않고 받아들인다. 그래서 물을 품은 바다도 생명의 원천이다. 이게 어진 사람이 산을 좋아하고, 지혜로운 사람이 물을 좋아하는 이유이다. 산수는 만물의 근본이다. 당연히 누구나 그 곁에 살고 싶어한다. 그러나 이런저런 이유로 사람들 대부분은 산수 곁에 살지 못한다. 대신 평생 동안 산수에 대한 갈증을 품고 살아간다. 이러한 갈증을 해소하기 위해 등장한 게 산수화다.

중국 동진東晋 고개지顧愷之(344?~405?)의 〈화운대산기畵雲臺山記〉, 남제南齊 말 사혁謝赫의 〈고화품록古畵品錄〉에서 확인할 수 있는 것처럼 산수화에 대한 학문적인 정립이 이루어진 시기는 육조시대다. 이

시기 산수화에 대한 학문적 정립이 이루어질 수 있었던 것은 무엇보다도 경제적 여유 때문이었다. 자연을 화폭에 담고, 화폭에 담은 그림을 체계적으로 설명하려면 먹는 문제를 해결하지 않고서는 불가능했기 때문이다. 강남에 똬리를 튼 육조시대의 귀족들이 자연을 벗 삼아 즐기면서 산수화를 남길 수 있었던 것도 삼국 이후 이 지역의 경제가 이전보다 훨씬 성장했기 때문이다. 북방의 한족 왕조가 유목민에게 쫓겨 남쪽으로 내려올 당시 우수한 농업기술까지 함께 가져오면서 강남 경제가 발전의 기틀을 마련할 수 있었다.

한 폭의 산수화는 산수에 가지 않고서도 간 것처럼 느끼게 한다. 한 폭마다 한 계절을 담는다면 사계절을 즐겁게 보낼 수 있다. 산과 호수를 그리워하는 사람은 한 폭의 호산湖山으로, 구름 덮인 산이 미치도록 보고 싶다면 한 폭의 운산雲山으로, 바위틈에 자라는 나무가 보고 싶으면 한 폭의 수석樹石으로, 폭염을 이기려면 한 폭의 폭포로 대신할 수 있다.

봄은 나무들이 그동안 몸속에 저장한 물을 땅에서 힘차게 걷어올리는 시간이다. 겨우내 갈잎나무는 잎과 꽃을 만들기 위해 모든 것을 바친다. 봄철 대부분의 나무에서 잎과 꽃, 꽃과 잎이 용수철처럼 솟아오른다. 북송北宋 하남河南 출신이었던 곽희가 1072년에 그린 〈조춘도早春圖〉의 나무에도 물이 오르고 있다. 기암절벽 곳곳에 골격骨格을 드러낸 나무들이 한 치의 흐트러짐도 없이 늠름한 자태를 뽐낸다. 특히 그림 정면의 키 큰 나무는 줄기를 둘로 뻗어올려 어떤 세파에도 쓰러지

곽희, 〈조춘도早春圖〉
봄날의 풍경을 그린 작품이지만, 아직 나무들은 잠에서 깨어나지 못한 모습이다. 그러나 힘찬 폭포가 나무들이 치열하게 살고 있음을 보여준다.

지 않을 것 같다. 바로 이런 곳에 신선이 사는 법.

그림 속 늘 푸른 소나무는 물론 잎 떨어진 나무에도 물이 오르고 있다. 나무에 물이 오르는 모습을 어떻게 알 수 있을까. 이른 봄이지만 세차게 흐르는 폭포가 말해준다. 여름이 아닌데도 이처럼 폭포에 물이 세차게 흐른다는 것은 그만큼 나무가 많다는 뜻이다. 그림 속 앞산과 뒷산 사이는 텅 비어있지만, 아마도 수없이 많은 나무가 살고 있을 것이다. 그렇지 않고서 폭포에 물이 저토록 많을 수 없기 때문이다.

그림에서 나무의 수종樹種을 분명하게 확인할 수 있는 것은 앞쪽 바위에 뿌리박고 있는 소나무뿐이다. 소나무가 계곡으로 뻗은 것은 성장 과정에서 사람은 알 수 없는 깊은 사연이 있었을 테지만, 아마 근처에 살고 있는 키 큰 나무와의 경쟁에서 밀렸기 때문일 터. 소나무의 나이도 가지의 굵기로 보아 적지 않아 보인다. 그러나 소나무 가지 끝은 거친 세파를 견디면서 입은 상처 때문인지 말라있다.

소나무가 있는 곳은 사람들이 산으로 들 수 있는 입구다. 소나무 아래 배에서 갓 내린 사람 몇몇이 바삐 움직이는 모습을 볼 수 있다. 누군가는 어깨로 물건을 나르고 있다. 배를 타고 온 사람은 분명 사대부다. 내가 그림 속 주인공을 사대부라 단정하는 이유는 산수화를 즐길 만한 사람은 덕망 있는 사람일 테고, 당시 덕망 있는 사람은 사대부뿐이었기 때문이다.

배에서 내린 사람은 어디로 갈까. 소나무를 지나 바위 옆에는 건너편 폭포로 가는 좁은 길이 있을 게다. 신선들이 폭포를 좋아하지 않을 리 없다. 폭포 아래쪽에는 뱃놀이 하는 사람이 보인다. 배에 탄 사람도 분명 사대부일 테고, 배에서 내린 사람도 그를 만나러 가는 길인가 보다.

곽희는 오대五代 관동關仝(907~960), 범관范寬(?~1027?) 등과 함께 이름을 날린 이성李成(919~967?)의 영향을 받아 일가를 이뤘다. 그는 직접 산수를 관찰하고 연구했다. 곽희는 그림 속 산이 살아있어야 한다고 믿었다. 아울러 늘 산을 직접 거닐고 사색하면서 자연 속에 내재한 모습을 발견하여 그릴 것을 강조했다. 그래야만 보는 사람이 '경외의 境外意'와 '의외묘意外妙'를 느낄 수 있다. 온종일 이 그림만 보고 있으면 곽희가 말한 것처럼 "물 흐르는 것이 산의 동맥 같고, 초목이 산의 머리칼 같으며, 안개와 아지랑이는 표정 같다."는 것을 느껴 "정신적·육체적으로 마치 산책하는" 듯하다.

아래서 산 위를 올려다보면[高遠] 색은 청명하고, 형세는 우뚝하다. 산 앞에서 산 뒤를 바라보면[深遠] 색은 아주 어둡고, 형세는 겹겹으로 쌓인 듯하다. 가까운 산에서 먼 산을 쳐다보면[平遠] 색은 밝으면서도 어둡고, 형세는 온화하다. 이것이 곽희가 말하는 산수의 가르침, '산수훈山水訓'이다. 말을 이끌어 따르게 하는 가르침[訓] 자체가 물이 흐르는 '내[川]'라야 한다. 물 흐르듯 자연스럽지 않으면 가르침이 아니다. 그래서 산수 자체가 우리의 스승일 수밖에 없다.

〈조춘도〉는 산석준법山石皴法 중 하나인 운두준雲頭皴으로 그린 것이다. 곽희가 가장 심혈을 기울인 기법은 삼원三遠 중 평원이다. 〈과석평원도窠石平遠圖〉에서 그의 진가를 확인할 수 있다. 삼원 기법을 정립한 곽희가 평원을 중시한 이유는 이 기법이야말로 자신이 추구하는 정신을 잘 드러내기 때문이다. 삼원을 인물에 대입할 경우 고원은 명료한 사람이고, 심원은 자질구레한 사람이고, 평원은 맑고 깨끗한 사람이다. 그가 한림寒林을 즐겨 그린 것도 그가 추구한 정신을 반영한다. 이른 봄 풍경을 그린 〈조춘도〉나 늦가을 정취를 그린 〈과석평원도〉가 바

곽희, 〈과석평원도窠石平遠圖〉(부분)
맑고 깨끗한 작가의 정신이 화폭에서 드러난다. 바위를 바라보는 나무의 눈빛이 그윽하다.
바위에 닿을 듯한 나뭇가지의 애절한 마음이 안타깝다.

로 곽희가 추구한 모습이다. 〈과석평원도〉는 움푹 파인 과석이 눈길을 사로잡지만, 만약 과석을 향한 나무가 없었다면 과석도 돋보이지 않을 것이다. 돌과 나무의 조화가 이 그림의 생명이다.

중국 산수화론의 백미로 꼽히는 작품인 《임천고치林泉高致》에서도 그가 무엇을 추구하고 있는지 금방 알 수 있다. '임천'은 '숨기 좋은 곳'이기 때문이다. 숲이 있고 샘이 있으니 어찌 숨어살기가 좋지 않겠는가? 이런 곳이 고상한 운치〔高致〕가 아니고 무엇이겠는가?

꽃이 피지 않는 겨울나무를 사랑한다면

요즘 사람들은 유독 꽃을 선호한다. 그래서인지 최근 지방자치단체마다 화려한 꽃이 피는 나무를 즐겨 심는다. 때로는 사시사철 꽃이 피는 식물을 심기도 한다. 동물이 꽃을 탐하는 것을 어찌 나무랄 수 있겠는가. 그러나 꽃이 피기 위해서는 긴 과정이 필요하다. 꽃만 즐기는 것은 과정 없이 결과만 즐기는 것과 같다. 꽃이 피지 않아도 나무를 사랑할 줄 알아야 꽃을 좋아할 자격이 있다. 많은 사람이 꽃만 지고 나면 그 나무가 어떤 존재인지조차 잊어버린다. 열매만 얻으려 할 뿐, 나무는 모른다. 그래서 겨울나무를 알아야 진정 잎과 꽃을 사랑할 수 있다. 죽은 듯 보이는 갈잎 겨울나무를 자세히 보면, 특히 사랑하는 마음으로 나무를 바라보면 잎과 꽃을 만들고 있는 귀한 모습을 볼 수 있다.

곽희가 이른 봄과 늦가을, 혹은 겨울 산수를 그린 것도 그런 뜻이 담겨있을 게다. 그가 〈유곡도幽谷圖〉를 으늑하고 깊은 골짜기에서 세상을 피해 한가히 사는 유객幽客을 꿈꾸며 그렸다면 실망스러울 것이다. 유궁幽宮을 짓고 살고 싶어 이 같은 그림을 그렸다면 참담하다.

그의 유곡에도 어김없이 나무가 살아있다. 먼 산에는 잎이 푸른 나무들이 빽빽하다. 가파른 바위 위 나무도 푸르면서 고고하다. 그러나 절벽 아래쪽 나무는 잎이 없다. 그림 앞쪽 나무 모습은 〈조춘도〉에 등장하는 나무와 비슷하다.

고금과 동서를 막론하고 산수를 동경하지 않은 사람이 없다. 그러나 산수를 현실 도피처로 생각한다면, 그건 고고한 삶이 아니라 저급한 삶이다. 그것만큼 쉬운 게 없으니까. 모든 사람이 현실을 벗어나야 할 대상으로 생각하고 산수를 찾는다면, 머지않아 산수 역시 현실과

같은 대상으로 바뀔 것이다. 산수는 인간이 숨어살아야 할 도피처가 아니다. 그곳에서 고상한 정신을 기를 수 있다고 믿는다면, 그릇된 생각이다. 사람이 살고 있는 바로 그곳이 산수이자 고상한 곳이어야만 한다. 그렇지 않고서는 산수를 산수로 남겨둘 수 없고, 그런 산수가 인간의 생명처일 수도 없기 때문이다. 현실은 이 세상에서 가장 아름다운 곳이다. 자신이 살고 있는 곳이 이 세상에서 가장 행복한 공간이어야 한다. 모든 문제해결은 자신이 발 딛고 있는 곳에서 출발해야 한다. 그곳을 벗어나 해결하려는 순간 해결의 실마리는 찾을 수 없다. 그림 속 한 그루 나무를 관찰하는 순간, 곽희의 그림은 우리 곁에 살아있을 뿐 아니라 우리는 늘 산수와 더불어 살 수 있다.

곽희, 〈유곡도幽谷圖〉
제목에서 도가적 태도를 엿볼 수 있다.
그러나 기암절벽 사이 어김없이 살아있는 나무에 인간의 욕망이 숨어있다.

적벽도에는 집이 없다

백척간두에서 사는 나무들

뛰어난 작가는 뛰어난 상상가다. 그래서 가끔 작가는 직접 가보지 않고서도 가본 것 이상으로 묘사한다. 작가는 기술자다. 때로는 어떤 사실을 깜짝 놀랄 만큼 정교하게 만들어낸다. 우리나라 작가 중에도 중국의 적벽에 가보지 않고서 그곳을 절묘하게 묘사한 사람이 있다. 물론 가보지 않았다고 해서 오로지 상상만으로 그릴 수는 없다. 아무것도 보지 않고서는 상상할 수 없기 때문이다. 그래서 순수한 상상도는 이 세상에 존재하지 않는다.

안견의 작품으로 알려진 〈적벽도赤壁圖〉만 본 사람은 안견이 이 그림을 어떻게 그렸을까 궁금할 것이다. 그러나 중국의 〈적벽도〉를 먼저 본 후 안견의 그림을 감상하면 사정이 달라진다. 물론 안견이 중국의 〈적벽도〉를 보았는지 알 수 없고, 혹 보았더라도 그대로 베꼈을 리 없다. 그러나 본本 없이 중국의 〈적벽도〉를 그린다는 것은 불가능하다.

이런 사실을 알면 가끔 작가에 대한 '환상'에서 벗어날 수 있다. 환상에서 벗어나는 순간, '공허'가 그 자리를 차지한다. 그러나 작가에 대한 환상이 사라졌다고 슬퍼할 필요도 없다. 시간이 지나면 공허의 자리에 새로운 바람이 불기 때문이다. 새로운 바람은 다름 아닌 작가에 대한 또 다른 애정이다.

〈적벽도〉를 이해하려면 작품의 배경인 적벽을 알아야 한다. 붉은 벽을 의미하는 '적벽'은 우리나라 사람에게도 아주 익숙하다. 많은 사람이 나관중의 《삼국지연의三國志演義》를 통해 적벽을 떠올릴 것이다. 대부분 손권孫權·유비劉備의 연합군이 양쯔강揚子江 중류 적벽에서 조조曹操의 대군을 물리친 '적벽대전'을 가장 극적인 장면으로 기억하고 있기 때문이다. 아울러 우리나라 판소리에 관심 있는 이는 〈적벽가〉를 통해, 한문에 익숙한 사람은 소동파의 《전적벽부前赤壁賦》를 통해 적벽을 떠올릴 것이다. 그러나 어느 지역이든 같은 지명이 적지 않다. 중국의 경우, 호북성만 해도 적벽이 네 곳이나 된다. 그래서 찬찬히 살피지 않으면 적벽대전의 현장인 적벽을 정확히 찾지 못한다. 사람들도 잘 아는 이야기, 즉 소동파도 적벽대전과 무관한 적벽에서 놀다가 그 유명한 《적벽부》를 지었다. 소동파의 이러한 실수는 술 탓이었다. 소동파가 찾은 곳은 주유周瑜가 조조를 물리친 가어현嘉魚縣의 적벽이 아니라 황강현黃岡縣의 적벽이었다. 무창현과 한양현에도 각각 적벽이 있다.

안견이든, 중국의 화가든 〈적벽도〉는 소동파의 뱃놀이 장면과 무관하지 않다. 그래서 〈적벽도〉에는 뱃놀이와 관련한 내용이 들어있다. 소동파의 뱃놀이 장면은 《전적벽부》의 내용과 함께 떠올려야 제격이다.

임술년 가을 칠월 열엿새. 나는 객과 더불어 배를 타고 적벽 아래에서 놀았다. 맑은 바람 서서히 불어와 물결 일지 않는데, 잔 들어 객에게 권하며 명월시를 읊고 요조 시를 노래하는데, 곧 달이 동산 위로 떠올라 북두성과 견우성 사이를 배회한다.

백로가 강을 가로지르고 물빛은 하늘에 닿아있다.

한 조각 작은 배 가는 대로 내어맡겨 망망한 만경창파를 건너간다. 넓고도 넓은 것이 허공 타고 바람을 모는 듯 그 멈출 곳을 모르겠고 가벼이 떠올라 속세를 버리고 우뚝 솟은 듯 날개 돋아 신선이 되어 하늘에 오르는 듯했다.

이에 술 마시고 매우 즐거워서 뱃전을 두드리며 노래를 불렀다. 노래하기를,

"계수나무 노와 목란 상앗대로 물에 비친 달그림자를 치며 달빛 흐르는 강물을 거슬러 올라간다. 넓고 아득한 나의 마음이여 하늘 저 끝에 있는 임을 그리도다."

손님 중에 퉁소를 부는 사람이 있어 노래에 맞춰 반주하니 그 소리가 구슬퍼서 원망하는 듯, 사모하는 듯 흐느끼는 듯, 하소연하는 듯 남은 소리는 가냘프고 길게 이어져 실 가닥처럼 끊어지지 않으니 깊은 골짜기에 잠겨있는 용을 일으켜 춤추게 하고 외로운 배의 과부를 울리는 듯하다.

나는 얼굴빛을 바꾸고 옷깃을 여미고는 고쳐 앉으며 손님에게 물었다.

"어째서 소리가 그토록 슬프오?"

손님이 말했다.

"달 밝으니 별은 드물게 보이고 까마귀와 까치는 남으로 날아가네.

안견, 〈적벽도赤壁圖〉
중국 삼국시대의 적벽대전의 현장을 찾는 모습을 그린 작품이다.
중국 호북성에 위치한 적벽에 가보지 않고서도 멋지게 그려낸 상상력이 돋보인다.

라고 읊은 것은 조조의 시가 아니오?

서쪽으로 하구夏口를 바라보고 동쪽으로 무창武昌을 바라보니 산천은 서로 뒤엉켜서 울울창창 우거져있는데 이곳은 조조가 주유에게 곤욕을 치렀던 그곳이 아니오? 그가 막 형주를 파하고 강릉으로 내려와 물을 따라 동쪽으로 내려갈 때 배는 꼬리를 물고 천 리에 이어졌고 깃발은 하늘을 뒤덮었는데 강물을 대하여 술 따르며 긴 창을 옆에 두고 시를 지었으니 진실로 일세의 영웅이라 그러나 지금은 어디에 있는가? 하물며 나는 그대는 강가에서 고기 잡고 나무하며 물고기 새우와 함께하며 노루와 사슴과 벗하며 작은 배를 타고 표주박과 술잔을 들어 서로 권하며 하루살이 같은 목숨으로 천지간에 붙어있으니 망망한 바닷속 한 알 좁쌀처럼 보잘것없소. 우리의 삶이 짧아서 슬프고 장강은 끝없어서 부러워서 신선을 끼고 즐겁게 놀고 밝은 달을 안고 오래 살려고 하나 그것이 쉽게 될 수 없다는 것을 알기에 서글픈 여음을 슬픈 가을바람에 실어본 거라오."

내가 말했다.

"그대도 저 물과 달을 아시오? 가는 것은 이와 같이 쉬지 않고 흐르지만 영영 흘러가버리는 것이 아니라오. 차고 기우는 것은 저 달과 같지만 끝내 아주 없어지지도 더 늘어나지도 않는다오. 변한다는 관점에서 보면 천지간에 한순간이라도 변하지 않는 것이 없고 변하지 않는다는 관점에서 보면 만물과 나는 무궁한 것이니 또 무엇을 부러워하겠소? 게다가 천지 사이에 모든 사물은 각각 그 주인이 있으니 만약 나의 것이 아니라면 털끝 하나라도 취할 수 없지만 오직 강 위의 시원한 바람과 산간의 명월은 귀로 들으면 음악이 되고 눈으로 보면 아름다움을 이루니 그것을 취해도 막는 사람이 없고 아무리 사용해도 없어지지 않소. 이는 조물주가 주신 무진장한 보배이며 나와 그대가 함께 즐기고 있는 것이오."

객이 기쁘게 웃으며 잔 씻어 다시 술 따른다. 안주가 이미 바닥나고 술잔과 쟁반은 어지러이 흩어졌다.

서로를 베개 삼아 배 안에 누우니 동녘이 이미 밝아오고 있는 것도 모른다.

칼로 깎은 것처럼 가파른 적벽에도 수많은 나무가 살고 있다. 안견의 그림에서 나무가 무엇인지 파악하기는 어렵지만, 중국의 〈적벽도〉에서는 절벽 앞에 소나무가 보인다. 절벽 곳곳에 갈잎나무도 적지 않다. 음지에 잘 사는 서어나무도 있을 테고, 곳곳에 각종 떨기나무도 많을 것이다. 강인한 생명력을 지닌 식물이 어디인들 살지 못하겠는가? 바위일지라도 조그마한 틈새만 있으면 살아가는 게 식물이다. 그러나 간혹 인간은 그런 절박한 식물의 삶에 경탄하기보다 '운치'에 입을 다물지 못한다. 기암괴석에 매달려있는 나무의 모습을 보면서 마냥 즐거워만 한다면 생명에 대한 예의가 아니다. 적어도 한순간은 그 모습을 경건한 자세로 바라볼 줄 알아야 한다. 자신이 백척간두百尺竿頭에서 살아간다고 상상하면 결코 희희낙락하지만은 않을 것이다. 생명체에 대한 애틋한 사랑이 없다면 그림 속 나무는 물론 적벽전에서 죽은 영령을 제대로 기억하지 못한다.

적벽도에 살고지고

그림 속 뱃놀이 하는 사람들은 무척 한가해 보인다. 화폭에 보이는 제법 큰 물결은 이곳 수심이 얕지 않음을 알려준다. 안견의 그림 속 뱃사공은 힘든 모습이지만, 다른 사람들은 여유롭게 이야기를 나누고 있다. 그런데 금나라 때 무원직武元直이 그린 〈적벽도〉에는 안견 그림에서보다 배

교중상, 〈적벽도〉(부분)
적벽 아래 앉아서 이야기 나누며 술을 주고받는 세 사람의 모습이 무척 아름답지만,
놀이를 마칠 때까지 서서 기다려야 하는 동자의 모습을 보는 순간, 깊은 슬픔이 밀려온다.

가 길어 공간에 여유가 있다. 과연 뱃사공 외의 다른 사람들은 무엇할까? 뱃놀이하면서 할 수 있는 것은 사람에 따라 각양각색일 테지만, 그중 술과 차는 빠질 수 없다. 더욱이 사대부라면 술과 차는 필수다. 그러나 혼자서 술과 차를 마실 수는 없는 노릇. 꼭 심부름하는 동자가 있어야만 한다. 그게 지배층의 놀이 방식이다. 특히 차를 마실 때는 동자가 꼭 필요하다. 중국 송대의 차는 요즘처럼 잎을 다기에 넣어 마시는 게 아니라 탕처럼 끓여서 마셨기 때문에 준비하는 사람이 꼭 필요했다. 요즘 많은 사람이 마시는 차 방식은 명나라 때 비로소 시작되었다.

송나라 교중상喬仲常의 〈적벽도〉에는 배에서 내린 사람들이 앉아 담소를 나누고 있다. 그 앞에 뭔가를 마시는 장비가 있다. 그리고 심부름꾼으로 보이는 사람이 옆에 서있다. 서있는 것을 보면 신분이 낮아 함께 자리하지 못하는 것도 있겠으나 자주 술이나 차를 날라야 했기 때문일 게다. 송대의 그림에는 그림의 내용을 알려주는 글이 있다. 이들은 적벽에 처음 온 게 아니라 다시 찾은 사람들이다. 다시 찾은 탓인지 앉은 자세도 편안해 보인다. 너른 바위가 인상 깊다. 그들이 앉아있는 뒤쪽에 이름 모를 나뭇잎이 보이고, 바위 건너편에는 같은 종류로 보이는 몇 그루 나무가 불청객을 바라보는 듯하다. 물가에는 갈대 같은 수초가 바람에 몸을 맡기고 있다. 이들은 적벽의 강물 소리와 바위에서 떨어지는 물소리, 수없이 이곳에서 뜨고 지기를 반복한 해와 달을 즐길 줄 아는 사람이다.

문득 술잔과 찻잔에 나무 이파리가 떨어지면, 그들 중 누군가가 붓을 들고 시를 지을 것이다. 차를 한 잔 들이켜고 잔을 놓는 순간 한 줄기 바람이 지나가면, 누군가는 노래할 것이다. 다시 목이 컬컬해지면 동자에게 술을 재촉할 터. 혹 동자를 따라온 한 마리 나비를 보면, 누군가가 붓을 들고 그림을 그릴 것이다. 이렇게 각자 장기를 발휘하다 보면 어느새 해가 지고 절벽 위에 달이 걸린다. 그러면 다시 각각 달을 보면서 시 한 수씩 짓겠지? 이쯤 되면 돌아갈 시간만 기다리는 동자는 더욱 안절부절못하겠지. 언제 집으로 돌아갈까? 그림 속에는 집이 보이지 않는다. 그래도 언젠가는 돌아갈 수밖에 없다. 여행은 마냥 떠나는 게 아니라 집으로 돌아옴과 자신을 돌아봄이기 때문이다. 그래야 여행이 '여행餘幸'으로 남는다.

중국 호북성 가어현의 적벽대전 현장에 가보면, 〈적벽도〉가 얼마나 뛰어난 상상력을 발휘한 작품인지 짐작할 수는 있다. 물론 현재의 적

벽과 송대 혹은 그 이후의 적벽이 다를 수 있지만, 그림처럼 큰 차이가 나지는 않을 것이다. 그림 속 적벽은 실제 적벽보다 훨씬 웅장하다. 나는 일 년 전 겨울 적벽에 두 번 갔다. 내가 적벽에 두 번 간 것은 소동파처럼 적벽을 잘못 찾았기 때문이다. 적벽대전의 현장은 제대로 찾았지만, 소동파가 실수로 갔던 황강현의 적벽을 찾아가려는 계획은 무산되었다. 현지인이 안내한 곳은 그 전날 갔던 가어현의 적벽이었다. 나는 두 번째 적벽을 보는 순간, 소동파가 자신이 찾았던 적벽이 적벽대전의 적벽이 아니라는 것을 알고 얼마나 황당했을까 생각했다. 어처구니없는 일이지만, 이런 일이 일어난 이유는 중국인에게 적벽은 곧 적벽대전의 적벽뿐, 소동파의 적벽은 기억하지 않기 때문이다.

나는 소동파가 실수로 찾았던 적벽을 직접 보지는 못했지만 그림 속의 적벽과는 분명 다른 모습일 것이라 믿는다. 적벽은 적벽대전과

무원직, 〈적벽도〉
높은 바위가 사람을 압도하는 작품이다.
그러나 물살 때문에 배를 타고
적벽으로 가는 사람들의 인상이 밝지 않다.
바위에 살고 있는 나무들은 거친 물살만큼
치열했던 적벽대전의 고통을 기억할까.

관련한 기념관과 관련 조각상이 즐비하지만, 그저 평범한 절벽에 불과하다. 적벽 입구에는 흰 옷을 입은 주유 석상이 나처럼 작은 사람을 압도한다. 입구에 주유의 상을 만들어놓은 이유는 적벽대전의 주인공이 제갈량이 아니라 주유임을 암시한다. 다만 겨울인데도 화물선이 다닐 만큼 수량이 풍부하다. 공원 입구에 아주 큰 은행나무를 비롯해 대나무, 뽕나무 등 여러 종류의 나무가 살고 있다. 그중에서도 나를 사로잡은 나무는 공원 입구에 선 등나무였다. 이곳 등나무는 덩굴성 나무면서도 몸을 비틀면서 하늘을 향해 뻗어있다. 오랜 세월 동안 단련한 몸매가 보는 사람을 자석처럼 끌어당긴다. 적벽은 계단을 따라 산을 넘고 늪을 지나야 만날 수 있다.

   적벽은 누른 물에 잠겨있었고, 송대 그림 속 장면처럼 한가하게 앉아있을 만한 공간도 없었다.

양팽손의 소나무

소나무가 되어 천년만년 살고지고

오랫동안 행복하게 사는 것은 모두의 염원이다. 그러나 쉽게 달성할 수 있는 것이 아니다. 다만 그런 삶을 위해 최선을 다할 뿐. 식물은 동물보다 훨씬 오래 산다. 그래서 많은 사람이 식물을 통해 사는 방법을 터득한다. 예로부터 우리나라 사람은 식물 중 소나무를 가장 좋아했다. 소나무를 얼마나 좋아했는지 이 나무를 '으뜸'이라는 뜻을 가진 '솔率'로 표현한 것만 봐도 알 수 있다. 우리나라에서 소나무는 《주역》에서 말하는 '건乾'이자 '원元'이다. 건은 곧 '천天'이다. 건은 하늘의 형체, 하늘의 성정性情이다. 건은 굳셈이다. 소나무는 비바람에도 늘 푸르니 굳세다. '자강불식自强不息'해야 굳셀 수 있다. 건과 원은 만물의 시초다. 그래서 소나무는 늘 한국인의 마음에서 자란다.

산수도에 소나무가 자주 등장하는 이유는 우리 산천에 이 나무가 많기 때문이 아니다. 화가는 그 어떤 나무보다 소나무의 덕성德性을 본받고 싶어서다. 우리나라 사람들이 하고많은 나무 중에서 소나무를 으뜸으로 치는 이유는 단순히 다른 나무에 비해 오래 살아서가 아니라 오래 사는 방식이 독특하기 때문이다. 단순히 오래 사는 나무라면 은행나무나 느티나무 등 다른 나무도 적지 않다. 그런데도 소나무의 덕성을 본받고 싶은 것은 이 나무의 주도면밀한 태도 때문이다. 늘 푸른 나무라 불리지만, 소나무도 잎을 간다. 소나무는 아무도 눈치 채지 못할 만큼 음밀陰密하게 잎을 떨어뜨린다. 그래서 사람들은 소나무가 잎을 떨어뜨리는 것조차 모른다.

양팽손梁彭孫(1488~1545)의 〈산수도〉에도 소나무가 등장한다. 그가 이 그림을 그린 이유는 분명 소나무처럼 오래 사는 방법을 터득하기 위해서일 것이다. 한 폭의 그림은 그 사람의 사상을 담고 있다. 화가가 소나무를 그리는 것도 이 나무의 덕성을 담고 싶기 때문이다. 양팽손이 무엇을 지향했는지는 한 폭의 그림뿐만이 아니라 그의 자字와 호號에서도 알 수 있다. 조선 시대 사대부士大夫의 자호는 그 사람의 인생관과 무관하지 않기 때문이다. 본관이 제주濟州인 양팽손의 자는 대춘大椿이고, 호는 학포學圃다. 이 같은 자호에는 그의 인생철학이 고스란히 녹아있다.

양팽손의 자인 '대춘'은 중국 전국시대의 《장자莊子》에 등장한다. 이 나무는 멀구슬나무과의 참죽(참죽)나무다. 《장자》에 따르면 이 나무는 만 년을 산다. 그래서 이 나무는 '장수'를 상징한다. 친구의 아버지를 춘부장椿府丈으로 부르는 것도 장수하길 바라는 염원을 담고 있다. 과연 어떻게 천년만년 살 수 있을까? 그가 선택한 방법은 무엇일까? 〈산수도〉에 그 답이 있다. 그림 속 소나무와 배, 그리고 숲 속의 집은 바로 그가 살아가는 방식이다. 이런 모습은 중국 당나라 이사훈李思訓

(651~716)의 〈강범누각江帆樓閣〉에서도 발견할 수 있다. 두 그림은 조금 다르지만 소나무와 배, 집이 함께 있다는 점에서 같다. 정말 '그림 같은 집'에 살고 있는 주인공이 양팽손이라면, 그는 왜 이 같은 방식을 택했을까? 그가 단지 사대부였기 때문일까? 아마도 그의 삶이 순탄하지 않았기 때문일지도 모른다.

외롭구나, 〈산수도〉

양팽손은 중종 5년(1510) 조광조趙光祖(1482~1519)와 함께 생원시에 합격했다. 1519년 기묘사화(조광조의 혁신 정치에 반발한 훈구파에 의해 발생한 사화)가 일어나자 조광조·김정金淨 등을 위해 항소하다 삭직되어 고향인 전라도 능성현 쌍봉리에 학포당學圃堂을 짓고 독서로 소일했다. 당연히 그의 삶은 벼슬과 큰 인연이 없었다. 그래서 그는 나름대로 사는 방법을 찾았다. 그림 속 집은 학포당일지도 모른다. 그의 호를 딴 학포당은 농사를 배우는 곳이다. 많은 사대부가 벼슬을 버릴 경우 농사에 관심을 갖지만, 대부분 직접 농사짓기보다 다른 일로 소일한다. 그러나 훨씬 여유로웠기에 농민보다 더 농사일 자체에 관심이 많았다. 사대부들이 농사에 관심을 둔 이유는 그 시대가 농업사회였기 때문이기도 하지만, 농업이야말로 자신의 정신을 가꿀 수 있다고 믿었기 때문이었다. 전통 시대의 농업은 언제나 소박과 정직의 상징이었다. 그래서 농업은 올곧게 살려는 사람들의 스승이었다. 그가 어떤 사람이었는지는 화제畫題에 한층 분명하게 드러난다.

양팽손, 〈산수도山水圖〉
이 작품은 아름다운 소나무 둘레길이다. 길목마다 서있는 소나무 두 그루가 목마른 사람들에게 샘물을 제공한다. 한 척의 배가 닿는 곳도 소나무가 있는 곳이리라.

맑은 강가에 집을 짓고 갠 날마다 창을 열어놓으니 산촌을 둘러싼 숲 그림자
흐르는 강물 소리에 세상일 전혀 들을 수 없네.
나그네 타고 온 배 닻을 내리고, 고기 잡던 배 낚시 걷어돌아오니 저 멀리 소
요하는 나그네는 분명 산천 구경 나온 것이리라.
강은 넓어 분분한 티끌 멀리할 수 있고 여울 소리 요란하니 속세의 일 들리지 않네.
돛 단 고깃배야 오고 가지 말라. 행여 세상과 통할까 두렵다.

양팽손이 물소리에 속세의 소리를 듣지 못할 정도라면 집 근처의 물살이 엄청날지도 모른다. 그러나 반드시 그렇지는 않다. 그는 오직 속세의 얘기가 귀에 들리지 않길 바랄 뿐이다. 그런 마음이라면 물소리는 그다지 중요하지 않다. 양팽손의 이러한 심정은 경상남도 합천에 위치한 해인사 입구 홍류동 절벽에 새겨진 최치원崔致遠(857~?)의 제시석題詩石의 내용과 매우 닮았다.

미친 듯 겹친 돌 첩첩의 산 울리니
지척 간의 말소리조차 분간할 수 없네.
늘 시비소리 귀에 들릴까 두려워
흐르는 물로 온 산을 감싸게 하리라.

양팽손의 기질은 〈산수도〉 중간 두 그루 소나무처럼 참 의롭다. 그

이사훈, 〈강범누각江帆樓閣〉
산과 강의 조화를 잘 보여준다. 배로 송림을 왕래하면서
노닐던 사람들의 풍류가 부럽다. 우뚝 선 소나무 두 그루 사이에 앉아
물에 비친 석양을 바라보는 시간, 가장 행복한 순간을 맞이하리.

는 조광조가 사약을 받고 죽자 잠시도 주저하지 않고 시신을 수습하여 화순 쌍봉사 근처에 가묘를 만들고, 이듬해 조광조의 선영이 있는 경기도 용인으로 이장했다. 그 후 학포당을 짓고 시와 그림으로 여생을 보냈다. 두 사람의 우정이 눈둘 나도록 아름답고 슬프다. 화순의 죽수서원竹樹書院과 용인의 심곡서원深谷書院에서 두 분을 함께 모시고 있다. 대나무를 의미하는 서원의 이름마저 두 사람의 곧은 정신을 담고 있다.

안견의 산수화풍을 계승한 〈산수도〉는 오른쪽이 텅 비어있고 배 한 척만 떠있다. 무척 외로워 보인다. 그러나 외롭지 않으면 결코 위대한 예술은 탄생할 수 없다. 아울러 이 그림은 한쪽으로 치우쳐있어 아주 '편파적偏頗的'이다. 산수화에서 이런 구도를 '편파구도'라 부른다. 이 그림은 무거운 쪽에 주산을 근경과 원경으로 묘사한 편파이단구도다. 이는 중국에서 남송대의 이당李唐(1080?~1130?), 소조蕭照, 마하파馬夏派의 하규夏圭(?~?)와 명대의 절파浙派 화가들이 즐겨 사용한 구도다. 이 중 이당은 남송 시대 산수화의 변혁을 주도한 사람이다. 그는 당나라 이사훈李思訓의 소부벽준小斧劈皴을 모방하다가 대부벽준大斧劈皴을 창시한 사람이다. 소부벽준이 산석山石의 여위고 예리한, 그리고 질박한 기질을 드러냈다면, 대부벽준은 산석의 웅장함을 드러내는 화법이다. 이당의 〈만학송풍도萬壑松風圖〉는 대부벽준을 대표하는 작품이다. 그래서 소조, 마원馬遠, 하규 등이 모두 이당을 스승으로 삼았다.

나무 한 그루를 위한 공부론

소나무는 학명에서 원산지를 표기하지 않기도 하지만 사람들은 너무나도 당연하게 우리나라가 원산이라고 생각한다. 우리나라 식물 가운

이당, 〈만학송풍도萬壑松風圖〉(부분)
수많은 골짜기는 솔바람의 작품이다. 그러나 소나무에는 나무의 곧은 기상 때문인지
바람이 보이지 않는다. 소나무를 압도하는 거친 돌 골짜기에 바람이 가득하다.

데 유일하게 경상북도 안동 제비원에 설화가 남아있으니, 우리나라 사람들의 소나무에 대한 애착은 당연할 지 모른다. 그런데 중국도 소나무에 대한 애착이 우리나라에 결코 뒤지지 않는다. 소나무는 사군자에 속하지 않지만 세한삼우歲寒三友 중 하나로 꼽을 만큼 사대부 화가들의 공부 대상이었다.

　사대부에게는 삼라만상이 공부의 대상이었다. 그림도 공부요, 술 먹는 것도 공부였다. 그러니 사대부에게는 삶 자체가 공부였던 셈. 사대부의 공부론工夫論은 곧 성리학의 공부론에 기초하고 있다. 이러한 성리학적 공부론은 시대를 불문한 공부론이어야 한다. 나무 한 그루, 풀 한 포기조차 모르는 공부는 죽은 공부이기 때문이다. 나무 한 그루와 풀 한 포기를 공부의 대상으로 삼아야 하는 이유는 공자의 언급처럼 식물을 모르고서는 말을 세울 수 없기 때문이다. 그런데 나는 공자의 지적도 중요하지만, 우리가 한 그루의 나무와 한 포기의 풀을 공부의 대상으로 삼아야 하는 진짜 이유는 그것이 생명에 대한 공부이기 때문이다. 이 세상에서 가장 중요한 공부는 생명에 대한 이해고, 이를 통해 나와 다른 존재 간에 올바른 관계를 맺는 것이다. 생명을 고민하지 않는 공부는 결코 삶을 행복하게 만들 수 없다.

　첩첩 골짜기에 솔바람이 불고 있다. 도끼로 찍어낸 듯한 바위와 더불어 살고 있는 소나무에서 부는 한 줄기 바람은 누군가의 가슴속 응어리를 걷어내고도 남는다. 수십 년 동안 쌓인 내 가슴속 응어리도 한 폭의 산수화를 보는 순간 사라진다. 이사훈의 〈강범누각〉 속 소나무에도 바람이 분다. 소나무는 두 척의 배를 물끄러미 바라보는 듯하다. 송림松林의 바람은 물과 만나야만 일어난다. 양팽손과 조광조가 만나 우정과 의를 나눴듯이, 소나무는 강을 만나야 바람을 만들고, 바람은 물결을 만들어 고기를 살찌운다. 시작도 끝도 없지만, 바람은 만물을 소생시키는 힘이다. 모든 생명체의 삶도 그렇다.

소상팔경 위에
조선의 상상력이 솜씨를 발하다

소상팔경에 빠진 사람들

모든 생명체는 죽을 때까지 배울 뿐이다. 그 어느 누구도 다른 생명체를 가르칠 수는 없다. 나는 가르칠 수 있다고 생각하는 것 자체가 오만이자 편견이라 여긴다. 배움만 있다고 생각하면, 피차 스승일 수 있다. 그래서 나는 "배움에는 민첩해야 하고, 아래 사람에게 묻는 것조차 부끄러워 말아야 한다〔敏而好學, 不恥下問 《논어論語》 공야장公冶長〕."는 구절을 좋아한다.

우리나라는 중국에서 배운 게 많다. 팔경 문화八景文化도 그중 하나다. 우리나라 삼척, 청도, 남해, 군산, 논산, 단양, 강릉 등지에서 흔히 찾아볼 수 있는 팔경 문화는 중국의 '소상팔경瀟湘八景'에서 배운 것이다. '소상'은 중국은 물론 조선의 사대부에게 '꿈의 장소'였다. 소상은 후난 성 둥팅호洞庭湖 남쪽 소수瀟水와 상강湘江을 함께 부르는 말이다. 이 부근에 이른바 '소상팔경'이 있다. 우리나라에도 동해안 석호

작자 미상, 〈소상팔경도瀟湘八景圖-산시청람山市晴嵐〉
강보다 나무를 강조한 작품. 언덕에 자리 잡은 소나무들은 바다의 등대와 같다.
밤배는 소나무를 바라보면서 분명 길을 찾을 것이다.

군潟湖群의 북쪽 끝 동정호 근처에 관동팔경 가운데 1경인 시중대侍中臺가 있다.

그림으로 옮겨지면서 팔경은 다른 차원으로 바뀌었다. 만약 소상팔경을 그림으로 옮기지 않았다면, 예술로 승화시키지 않았다면, 조선시대 사람들은 그것을 간접적으로나마 볼 기회가 없었을 것이다. 그러니 중국인이 소상팔경을 화폭에 옮기는 순간, 조선 사대부도 또 다른 세계를 접하게 되었다. 어떤 경우든 화폭에 옮겨지는 순간 다른 상상을 낳기 때문이다. 조선의 문인이 가보지도 않은 중국의 팔경을 본떠 수많은 작품을 남길 수 있었던 것도 그림이 갖고 있는 상상력 때문이다.

한때 〈소상팔경도瀟湘八景圖〉를 처음 완성한 사람은 송대의 송적宋廸이라 전해진다. 이런 주장은 《몽계필담夢溪筆談》과 《선화화보宣和畵譜》 등에 근거한다. 그러나 송적 이전에 〈소상팔경도〉를 완성한 사람이 이영구李營邱, 즉 이성李成(919~967)이었다. 그리고 송적은 이성에게 배운 제자였다. 두 사람이 사제지간이니 결국 큰 차이는 없다. 〈소상팔경도〉는 아니지만 송대 이전에도 소상을 대상으로 그림을 그린 이는 있었다. 오대五代 동원董源도 〈소상도瀟湘圖〉를 남겼다.

두 강이 만나 빚은 자연풍광을 옮긴 〈소상팔경도〉는 산시청람山市晴嵐 · 어촌석조漁村夕照 · 소상야우瀟湘夜雨 · 원포귀범遠浦歸帆 · 연사만종烟寺晩鐘 · 동정추월洞庭秋月 · 평사낙안平沙落雁 · 강천모설江天暮雪 등을 말한다. 우리나라에서도 작자 미상의 작품을 비롯해 이광필李光弼, 이징李澄, 김명국金明國, 정선鄭敾, 심사정沈師正, 최북崔北 등도 〈소상팔경도〉를 남겼다.

그림으로 소상팔경을 구경할 수는 있지만, 실제 팔경을 모두 보기는 매우 어렵다. 팔경이 한곳에 있는 게 아니라 아주 넓은 지역에 분포하기 때문이다. 게다가 팔경의 제목에서 알 수 있듯이 시간과 계절에 따라 만들어진 것이라 팔경의 분위기를 직접 체험하는 데 아주 긴 기간이 필요하다. 나도 지난 겨울 팔경을 구경하고 싶어 이곳을 찾았지만 몇 곳만 보는 데 만족할 수밖에 없었다.

팔경도 가운데 조선 초기 작자 미상의 〈소상팔경도〉와 중국 명나라 문징명 文徵明(1470~1559)의 〈소상팔경도〉를 비교하면 그림 내용이 다름을 알 수 있다. 그런데 작자 미상의 〈소상팔경도〉는 전체 그림이 비슷비슷한 느낌을 준다. 반면 문징명의 작품은 그림마다 분위기가 다르다. 작자 미상의 그림은 전체적으로 산이 중심이지만, 문징명의 그림은 강이 중심이다. 작자 미상의 작품은 산이 중심이라서 강한 느낌을 주는 반면, 문징명의 그림은 강이 중심인지라 부드럽다. 등장하는 나무도 작자 미상의 그림은 강한 모습이지만, 문징명의 그림은 부드러운 모습이다. 문징명의 〈소상도〉는 동원의 〈소상도〉와 분위기가 많이 닮았다. 작자 미상의 작품에 등장하는 나무는 대부분 키 큰 늘 푸른 소나무지만, 동원이나 문징명의 그림에 등장하는 나무는 늘 푸른 나무와 갈잎나무, 큰 키 나무와 작은 키 나무가 함께 등장한다.

이 같은 차이는 기본적으로 작가의 인식과 무관하지 않겠지만, 대상을 직접 본 자와 그렇지 않은 자 사이의 차이일런지 모른다. 문징명과 동원은 모두 중국 강남 출신이다. 두 사람이 설령 소상팔경을 직접 보지 않았더라도 그림에 등장하는 모습은 강남에서 흔히 볼 수 있는 풍경이다. 직접 중국 강남에 가본 사람은 중국 산수화에 등장하는 모습을 현장에서 바로 확인할 수 있다. 중국 사람이 그린 소상과 우리나라 사람이 그린 소상이 다른 것은 소상이 '절경의 상징'으로 바뀐 때

문징명, 〈소상팔경도-산시청람〉
섬에 자리 잡은 마을은 어업을 생계로 삼을 법한데,
개인 산을 바라보니 희망의 해가 떠오른다.

문이다. 그래서 소상은 우리나라의 절경을 드러내는 한 잣대다. 그래서 우리 그림에서 산과 소나무가 중심을 이루는 것이 아주 자연스럽다.

경의 고수요, 선의 실천자인 나무

중국 제2의 담수호인 둥팅호는 중국의 시인·묵객이라면 누구나 찾고 싶은 곳이다. 이곳에 군산君山이 있다. 이곳 사람들은 군산을 '사랑의

소상팔경 위에 조선의 상상력이 솜씨를 발하다

섬'으로, 외국인은 '에덴동산'이라 부른다. 모두 이 섬을 사랑과 관련해 부르는 셈이다. 이와 같이 부르는 이유는 순임금의 두 아내인 여영女英과 아황娥皇이 치수 사업 과정에서 남편이 죽었다는 소식을 듣고 따라 죽은 순애보의 현장이기 때문이다. 순임금의 두 아내가 죽으면서 흘린 피가 튀어 생긴 대나무가 이곳의 명물 소상반죽瀟湘斑竹이다. 이는 대나무의 얼룩 때문에 생긴 전설이다. 순임금의 두 아내는 우리나라 판소리 '춘향전'에도 등장하는 정절의 상징적 인물이다. 그래서 소상은 슬픈 사랑의 장소다.

이곳 군산에는 사랑이 묻어있는 대나무만 있는 게 아니다. 그림 속에 등장하지 않지만 이곳에는 중국 강남을 대표할 만한 차나무가 있다. 차나무의 다른 이름은 '실화상봉수實花相逢樹'다. 열매와 꽃이 일년 만에 다시 만난다 하여 붙여진 이름이다. 차나무는 살아서 만나지만 순임금과 두 부인은 죽어서 만났다.

현재 군산으로 가는 길은 간단하다. 버스를 타고 다리를 건너 15분 남짓 가면 군산이기 때문이다. 겨울의 군산은 배조차 운행하지 않는다. 그래서 겨울에 '그림 같은' 군산을 상상하고 찾으면 실망할 수 있다. 그러나 겨울일지라도 사랑하는 마음으로 군산을 바라보면 정취를 마음껏 즐길 수 있다. 군산은 차의 명산지라 찻집도 근사하다. 이곳에서 차를 한 잔 마시면 추운 마음을 충분히 녹이고도 남는다. 그러나 이곳은 오래 머물 수가 없다. 숙박 시설이 열악해서 시간 맞춰 버스를 타고 나오지 않으면 낭패를 당하기 십상이다.

군산의 명물인 반죽과 반죽을 병풍삼은 이비二妃의 무덤을 보는 순간, 만감이 교차한다. 무덤이 생각보다 초라한 데 놀라고, 문인들이 그렇게 초라한 모습을 거창하게 묘사한 데 놀란다. 이곳에서 나는 바

동원, 〈소상도瀟湘圖〉(부분)
중국 호남의 소강과 상강이 빚어낸 아름다운 산수의 진면목을 보여준다. 울창한 숲속에 자리 잡은 집과 강가의 사람들을 보노라면 이곳에 세상에서 가장 행복한 삶의 터전임을 느낄 수 있다.

로 이런 것이 '문학'임을 깨달았다. 중국인의 문학적 기질에 놀라지 않을 수 없었고, 그런 중국인의 작품에 영향 받은 조선 시대 문인의 상상력에 다시 한 번 놀랐다. 반죽에는 이곳을 찾은 사람들이 남긴 사랑의 흔적이 강하게 남아있다. 예나 지금이나 사람은 자신의 흔적을 남기고 싶은가 보다. 다만 살아있는 생명체인 대나무의 몸에 자신의 이름을 새기는 짓은 사랑이 아니라 학대다. 정말 서로의 사랑을 확인하고 싶으면 자신의 몸에 사랑의 흔적을 남길 일이지, 왜 죄 없는 대나무에 자신의 이름을 새기는지 알다가도 모를 일이다.

〈소상팔경도〉 중 여섯 번째 등장하는 '연사만종'을 보고 있노라면, 부부가 저녁 교회 종소리를 들으면서 굶어죽은 아이를 위해 기도하는 밀레의 〈만종〉이 떠오른다. 안개 낀 산사의 저녁 종소리도 남편을 따라 피 토하면서 죽은 순임금의 두 아내를 위해 울리는 것 같다. 사찰의 저녁 종소리는 죽은 자를 위해 기도하는 지장보살을 위한 울림이다. 안개 낀 산사 주변의 나무들도 죽을 자를 위해 기도하고 있다. 나무는 언제나 기도로 살아가는 존재다. 기도는 모든 에너지를 한 곳으로 모으는 경敬이자 선禪이다. 나무는 경의 고수요, 선의 실천자다. 인간이 나무를 바라보면서 편안한 마음을 느끼고 나무를 통해 많은 영감을 얻는 것은 모든 힘을 한 곳으로 모으면서 살아가는 나무의 아름다운 기운을 받기 때문이다. '기운생동氣韻生動'은 수묵화와 삶의 조건이다.

자연을 닮아야 살 수 있다

까칠하고 예민한 나무

닮아야 산다. 그러나 요즘 세상은 닮는 것을 경계한다. 너나없이 독창과 혁신, 창의와 창조를 외친다. 인간이 자연환경을 파괴하는 것도 닮지 않으려는 몸부림이다. 인간은 자신만의 무엇을 만들기 위해 부지런히 부순다. 그러나 인간이 자연을 부수면 부술수록 인간의 삶도 비례해서 망가진다. 지금까지 인간이 그렇게 일군 문명이 가져다준 결과는 참담하다. 삶의 질이 과연 좋아졌는지도 의문이고, 미래에 대한 불안은 한층 높아졌다. 이제 세계 각국에서 펼치는 정책이 파괴에서 보존으로 선회한 것만 봐도 결국 인간이 자연을 닮지 않고서는 살아갈 수 없음을 깨달은 것이다. 2500년 전 노자는 "인간은 땅을 닮고, 땅은 하늘을 닮고, 하늘은 도를 닮고, 도는 자연을 닮는다〔人法地, 地法天, 天法道, 道法自然《도덕경道德經》 25장〕."고 주장했다.

결국 인간이 닮아야 할 것은 자연이다. 그런데 인간이 자연을 닮는다는 말은 단순히 인간이 자연 속에서 살아갈 수밖에 없다는 의미가 아니다. 인간이 자연에서 배워야 할 것은 법칙이다. 자연의 법칙은 서로의 삶과 다양성을 인정하는 것이다. 나무는 절대 다른 존재를 무시하지 않는다. 나무는 다른 존재의 삶을 무시하는 순간 자신도 무시당한다는 것을 알기 때문이다. 나무는 각각 존재의 가치를 존중해야 살아남을 수 있다는 것을 잘 알고 있다. 다른 존재와 치열하게 경쟁하면서도 상생의 방법을 찾는다.

닮지 않으면 불효자다. 부모를 닮지 않는 '불초不肖'는 불효자다. 그래서 어머니 자연을 닮지 않은 인간도 불효자다. 인간이 '스스로 그러한' 자연의 모습을 닮으려는 노력은 살아남기 위한 최소한의 예의다. 나도 한때 아버지를 닮은 모습이 무척 싫었다. 그러나 나무를 공부한 후로 감사하는 마음이 생겼다. 이제 자식들이 나에게 할아버지를 무척 닮았다는 소리가 정겹게 들린다. 부모를 닮는다는 것은 설령 부모의 부족한 부분마저 인정하지 않고서는 세상을 행복하게 살아갈 수 없다는 말이다. 얼핏 생각하면 인간이 지니고 있는 단점은 결코 단점이 아니다. 그 자체로 아름다운 장점인데도 상대적인 가치로 생각하기 때문에 생긴 착각이다. 단점을 가진 나무가 있는가? 나무는 그 자체로 아름답고 절대적인 가치를 지니고 있을 뿐이다. 사람도 마찬가지다. 문제는 그 가치를 인정하고 존중하는가의 여부에 달려있다.

생명체는 살아남기 위해 기후氣候에 적응해야 한다. 중국에서 만든 기후는 '기'와 '후'의 합성어다. 기는 24절기를 말한다. 하나의 절기는 15일 간격으로 이루어진다. 이는 15일마다 이름을 달리할 만큼 변화가 있다는 것을 뜻한다. 후는 24절기를 다시 각 절기마다 삼등분한 것이다. 그러니 후는 72후다. 이처럼 후를 설정한 것은 절기와 절기

사이에도 변화가 있음을 말한다. 중국인의 이러한 인식은 이들이 기후에 매우 예민하다는 방증이다. 중국인이 예민할 수밖에 없었던 이유는 그들의 기질이 아니라 삶 때문이다. 농업 사회에 살았기 때문에 기후에 예민했던 것이다. 그러니 농업 사회에 살았던 사람들은 모두 기후에 예민할 수밖에 없는 존재다. 그래야만 농사를 제대로 짓고 살아갈 수 있다.

요즘 기후는 예전과 아주 다르다. 겨울이지만 겨울다운 추위가 없거나 갑자기 혹한이 계속되는 등 기후가 불규칙하다. 앞으로 우리나라에도 사계절이 사라질 가능성도 높다. 이런 기후변화 때문에 식물의 모습도 예전과 많이 달라졌다. 가장 눈에 띄는 현상이 개화 시기다. 이제 겨울에 봄꽃을 보는 것도 낯설지 않다. 적지 않은 사람들이 식물의 이런 모습을 보고 '미쳤다'고 말한다. 그러나 식물이 미친 게 아니다. 식물은 정직하다. 식물은 단지 기후의 변화에 살아남기 위해 노력하고 있을 뿐. 만약 식물이 기후의 변화에 적응하지 못하면 어떤 일이 벌어질까. 상상만 해도 끔찍하다. 그런데 기후변화에 적응하고 있는 식물을 보고 있노라면 무척 마음이 아프다. 일 년에 두 번씩 꽃을 피우려면 에너지를 얼마나 사용해야 할까, 두 번 꽃을 피운다고 해서 자식을 두 번 만들 수 있을까, 자식을 두 번 만들지 못하면서도 꽃을 피우는 심정은 어떨까. 식물의 심정을 조금이라도 생각한다면, 두 번 꽃을 피운 식물을 미쳤다고 말하지는 못 할 것이다.

겨울인데도 남쪽에서는 벌써 매화梅花를 볼 수 있다. 장미과의 매화는 이 나무의 꽃을 강조한 것이고, 열매를 강조하면 매실梅實이다. 매화는 피는 시기와 상황에 따라 조매早梅, 설중매雪中梅, 동매冬梅라 부른다. 매화는 다른 꽃보다 일찍 피기 때문에 화형花兄, 백화형百花

兄, 화형국제花兄菊弟, 화괴花魁, 제일춘第一春, 백설양춘白雪陽春이라 부른다. 매화의 원산지는 중국 남쪽 지방이다. 중국에서 우리나라와 일본으로 전해졌을 테지만 그 시기는 정확하지 않다. 유럽은 매화를 17세기에서야 일본에서 가져갔다. 덕분에 독일의 지볼트Karl Theodor Ernst von Siebold(1804~1885)와 주카리니Joseph Gerhard Zuccarini(1797~1848) 등은 매화 학명을 일본어에서 차용했다.

다리를 건너야 매화를 볼 수 있지

매화 찾는 것을 '탐매探梅' 혹은 '심매尋梅'라 한다. 때로는 나도 매화를 찾아 이곳저곳을 다닌다. 옛날 선비도 매화를 사군자로 비유했기에 무척 즐겼다. 그런데 옛날 선비들이 매화를 찾아나선 곳은 많았지만 파교 건너 설산을 가장 좋아했다. 따라서 '파교심매灞橋尋梅'는 매화 감상을 상징하는 말이었다. 파교는 중국 산시성陝西省에서 위수渭水로 들어가는 다리를 말한다. 중국 사람들이 이곳 매화를 사랑한 것은 우연이 아니다. 위수는 중국의 고대 국가가 탄생한 역사적 장소이면서 물이 가장 깨끗한 곳이었다. 위수를 건넌다는 것은 일종의 피안의 세계로 들어선다는 의미다. 우리나라 대부분의 사찰이 계곡 건너편에 위치하는 것도 같은 이치다. 위수는 속세에서 쌓은 마음의 먼지를 씻어주는 일종의 성수聖水다. 파교를 지나 설산에 핀 매화는 중국과 우리나라 선비들에게는 이상 세계와도 같았다. 이러한 이상 세계를 제공한 사람은 당나라 맹호연孟浩然(689~740)이었다. 맹호연이 매화를 찾아 나선 이유는 도연명陶淵明(365~427)을 존경했기 때문이라기보다 과거 시험에 낙방했기 때문이다. 그는 나이 마흔에 장안에 올라와 진사

시험을 치렀지만 낙방했다. 이에 그는 고향 호북湖北으로 내려가 전원에서 은둔했다. 그가 대표작 《춘효春曉》를 남길 수 있었던 것도 시험에 낙방했기 때문이다.

봄잠 노곤하여 동트는 줄도 몰랐는데
곳곳에서 새들이 재잘재잘 지저귄다
밤사이 비바람 소리 들려오더니
꽃잎 적지 않게 떨어졌음을 알겠구나

맹호연의 시에서 시련이 사람을 성숙하게 만든다는 것을 깨닫는다. 나도 적잖게 시험에 낙방한 경험에 있기에 맹호연의 기분을 충분히 짐작할 수 있다. 중국이나 우리나라나 과거 시험에 낙방해서 인생을 바꾼 사람이 한둘이 아니다. 때론 실패가 새로운 길을 만드는 법이다. 낙화가 열매를 만들 듯이, 아름다운 것도 언젠가 진흙땅에 떨어진다. 아름다운 꽃이 떨어져야 땅에서 다시 새로운 생명이 잉태된다.

맹호연의 고사에 따라 조선 전기 학포學圃 이상좌李上佐(?~?)도 〈파교심매도灞橋尋梅圖〉를 남겼다. 물론 이 그림이 이상좌의 작품인지는 논란으로 남아있지만 말이다. 흰 말 위의 한 남자가 파교를 건너고 있다. 그런데 주인공은 뒤를 돌아보고 있다. 그가 왜 뒤를 돌아보는지는 말 뒤에서 걸어오고 있는 시동의 태도를 보면 금방 알 수 있다. 남자는 매화가 빨리 보고 싶어 시동을 재촉하지만, 시동은 걷는 자체가 힘겨울 따름이다. 추운 날 말 탄 주인을 따라 걸어가는 시동의 심정은 경험하지 않아도 쉽게 짐작할 수 있다. 매화는 파교를 지나 설산에 있다. 그래서 그림에는 매화가 보이지 않는다.

파교는 나무로 만들었다. 나무 기둥에 잔가지를 얹고 그 위에 흙을 덮은 생태적인 다리다. 흙의 황색과 흰말의 검은 말굽이 묘한 대조를 이룬다. 파교 주위의 낙락장송이 남자의 꿈과 잘 어울린다. 매화와 소나무는 대나무와 더불어 '세한삼우'이기 때문이다. 두 그루의 소나무는 말을 탄 주인공을 왜소하게 만들 만큼 웅장하다. 앞의 소나무는 줄기가 위로 뻗지 못하고 옆으로 퍼져있다. 위로 뻗지 못하고 옆으로 퍼진 것은 어떤 이유인지 모르지만 잘렸기 때문이다. 소나무는 목이 잘리면서 엄청난 고통을 받았고, 그 고통의 흔적은 바로 아래 줄기에 남았다. 바로 아래 줄기가 뿌리 쪽 줄기보다 굵다. 이런 현상은 강한 상처를 입은 나무에서 흔히 발견할 수 있다. 앞의 소나무에는 가지가 잘린 흔적도 선명하다. 반면 뒤쪽의 소나무는 앞의 소나무보다 성장 과정이 순탄한 탓인지 줄기가 위로 뻗어있고, 위쪽 줄기가 아래쪽 줄기보다 가늘다.

내가 이 작품을 이상좌의 꿈을 그린 것으로 보는 이유는 그의 삶 때문이다. 이상좌가 추구한 삶의 태도는 호인 '학포學圃'에서 찾을 수 있다. 농사를 배운다는 뜻의 학포는 정직한 삶, 고고한 삶을 추구한 선비들의 호다. 그러나 그는 어느 선비의 가복家僕이었기에 태생부터 선비의 삶을 살아갈 수 없었던 사람이었지만, 피나는 노력으로 극복한 경우다. 그를 그렇게 만든 것은 다른 아닌 그림 재주였다. 그는 중종의 특명으로 도화서圖畫署 화원이 되었으며, 중종이 죽자 그의 어진御眞을 그렸을 정도로 재주를 인정받았다.

조선 후기의 현재玄齋 심사정沈師正(1707~1769)도 이상좌와 같은 제목의 그림을 남겼다. 그러나 두 작품은 나무 기둥에 잔가지를 깔고 흙

傳 이상좌, 〈파교심매도灞橋尋梅圖〉
다리를 건너 매화를 찾아가는 백마 탄 주인공이 무척 부러운 작품이다.
매화를 보여주지 않아도 벌써 매향이 온 산에 가득하다. 다리를 건너면 곧 천국이다.

을 덮은 파교 건너는 주인공의 모습, 전체 구도 등 닮은 점도 많지만 다른 점도 있다. 우선 말 색깔과 주인공의 모습이 다르다. 심사정의 그림에서는 주인공이 앞을 보며 파교를 지나고 있고, 뒤 따르는 동자도 말에 바짝 붙어 열심히 걷고 있다. 그러니 주인공이 뒤돌아볼 필요도 없다. 파교 주변의 나무는 소나무가 아닌 다른 나무다. 무슨 나무인지 정확하지 않지만 자작나무과의 서어나무 같기도 하다. 역시 이상좌의 그림처럼 갈잎 큰 키의 세 그루 나무가 말 탄 주인공을 왜소해 보이게 만든다. 나무 사이로 약간 경사진 길을 말이 아주 조심스럽게 걸어가는 모습이 조금 안쓰럽다. 세 그루의 나무는 파교의 수호신처럼 추운 날씨에도 당당하다. 특히 왼편의 한 그루 나무와 오른 편의 두 그루 나무는 가지가 맞닿아 마치 연애하는 듯하다. 파교 건너편에는 늘푸른나무도 보인다. 그중 앞 쪽의 나무는 붉은 껍질과 자태로 보아 소나무다. 소나무는 파교를 건너자마자 굽이도는 길목에 우뚝 서 있다. 아마 매화를 안내하는 이정표일지도 모른다.

　선비가 매화를 찾아나서는 데는 특별한 의미가 있다. 매화는 군자와 유교적 상징이면서도 매은梅隱, 매선梅仙처럼 도교적 이미지도 강하다. 그러나 내게는 심매가 불교의 '심우尋牛'와 같은 느낌으로 다가온다. 심우는 '소를 찾는다'는 뜻이다. 소를 찾는 것은 곧 마음을 찾는 처절한 몸부림이다. 마음을 찾는 것은 해탈의 경지에 오르려는 자의 자기성찰이다. 파교를 지나 설산에 핀 매화나무는 그들의 마음에 있다. 눈 덮인 산에 고고하게 핀 매화를 본들 무슨 소용이겠는가? 단지 매화꽃을 보기 위한 것이라면 굳이 그 먼 곳까지 갈 필요가 없다. 지천에 깔린 게 매화이므로.

　수많은 사람이 매화 그림을 남겼다. 송나라 작자 미상의 〈매화쌍작

심사정, 〈파교심매도〉
갈잎나무가 아직 잎이 돋기 전
매화를 찾아간다. 말을 탄
주인공의 자세가 힘찬 까닭은
매화를 보려는 마음이
앞선 탓일 터. 매화를 보고
돌아오는 시간, 갈잎나무에도
잎이 돋으리라.

작자 미상, 〈매화쌍작도梅花雙雀圖〉
매화에 앉은 참새 두 마리가 무척 사랑스럽다.
아직 만개하지 않은 매화의 봉오리처럼 두 마리 참새의 사랑도 무르익지 않았는지
자태가 다소 서먹하다. 아마 암컷이 매향에 마음을 뺏기고 있기 때문이리라.

도梅花雙雀圖〉는 아직 활짝 피지 않은 매화와 두 마리의 참새가 주인공이다. 막 피어날 듯한 매화나무 가지에 두 마리의 참새가 앉아 서로 다른 곳을 바라보고 있다. 물론 서로 다른 곳을 바라본다고 해서 마음마저 다른 곳에 둔 것은 아니다. 마음은 오히려 서로를 향하고 있다.

작가가 매화와 함께 대나무를 함께 그린 것은 대나무가 사군자에 속하기 때문이다. 사군자의 전체 몸매를 드러내지 않고 일부만 보여주는 것도 매력적이다. 일부를 통해 전체를 상상할 수 있는 기회를 주기 때문이다.

실과 허로 살고 있는가

식물도감에 나오지 않는 대나무

사람의 기억력은 때로는 금강석처럼 단단해서 좀처럼 다른 정보를 허용하지 않는다. 누구나 대나무를 아는 것 같지만 사실 그렇지 않다. 사람들이 부르는 대나무는 참나무처럼 식물도감에 등장하지 않는다. 대나무는 여러 종류의 대나무류를 나타내는 '군群'을 의미한다. 우리나라 사람들이 얘기하는 대나무는 대개 왕죽王竹이다. 대나무를 의미하는 한자는 '죽竹'이다. 이 한자는 이 나무의 형상을 본 뜬 것이다. 대나무 이름은 한자 '죽'이 북방으로 옮겨질 때 명칭도 중국 남방음이 따라 들어와 생긴 것이다. '죽'의 남방 고음이 '덱tek'인데 끝소리 'ㄱ'음이 약해져 우리나라에서는 '대'로 변했다.

늘 푸른 대나무는 다른 나무와 다른 점을 갖고 있다. 나무는 자라면서 몸집을 불리지만 대나무는 그렇지 않다. 대나무에는 몸집을 불리는 리그닌lignin이 없다. 대나무는 죽순竹筍의 굵기가 곧 이 나무의 굵기를 결정한다. 그러니 대나무는 자라면서 몸집은 그대로인 채 위로만 자랄 뿐이다. 이러한 특징 때문에 대나무를 풀로 보는 학자도 있다. 대나무의 이른바 정체성 문제는 일찍부터 사람들이 관심을 가졌다. 고산孤山 윤선도尹善道(1587~1671)가 가장 대표적 인물이다. 그의 〈오우가五友歌〉에서 확인할 수 있다.

> 나무도 아닌 것이 풀도 아닌 것이
> 곧기는 뉘가 시켰으며 속은 어이 비었는가
> 저렇게 사시에 푸르니 그를 좋아하노라

태어나면서 자신의 몸을 결정해버린 채 위로만 자라는 대나무는 몸집이 굵어져 걱정하는 사람들에게는 선망의 대상일 수 있다. 대나무가 풀처럼 애초부터 굵기를 거부한 것은 아무래도 그런 방식으로는 세상을 살아가기 어렵고, 다른 존재에게 사랑받기 어렵다고 판단했기 때문일 것이다. 아무리 먹어도 살찌지 않고 살아갈 수 있다면 얼마나 좋을까. 중국의 아미족이나 우리나라 남도 사람들이 대나무를 그토록 사랑하고, 선비들이 그토록 좋아한 것도 바로 이러한 대나무의 태생적 특징과 무관하지 않다.

벼과의 대나무는 사군자 가운데 하나다. 사군자는 식물의 속성을 군자에 비유한 것이다. 그래서 선비들은 대나무를 노래하고 그림의 대상으로 삼았다. 우리나라든 중국이든 대나무 그림은 수없이 많다. 조선 시대 탄은灘隱 이정李霆(1541~?)의 대나무 그림도 그중 하나다. 이정은 조선 시대 묵죽의 거장으로 유명하다. 〈묵죽〉은 1622년(천계 임술), 그의 나이 여든하나 때의 작품이다. 그림 속 대나무는 일선정日先

後에 살고 있다. 이곳에 사는 대나무는 바위틈에 몇 그루의 대나무에 비해 우뚝하다. 그러나 일선정의 대나무는 다른 대나무의 도움을 전혀 받지 못한 탓인지, 아니면 바람에 흔들린 탓인지 위로 쭉 뻗지 못하고 흔들리는 모습이다. 더욱이 대나무가 그다지 굵지 않아 위로 뻗기도 쉽지 않다. 대나무의 이러한 고고한 모습이 작가가 추구하는 정신일지도 모른다. 〈풍죽도〉는 제목처럼 바람에 흔들리는 대나무가 춤추는 듯하다. 이것이 마음먹은 대로 춤추는, 자유자재로 마음을 움직이는 작가의 정신이다. 두 작품에 등장하는 대나무는 종류가 같다.

대나무처럼 생명체는 바람에 흔들려야 살아남을 수 있다. 흔들리지 않는 존재는 결코 살아남을 수 없다. 생명체가 바람에 흔들려야 하는 것은 무엇보다도 흔들리지 않으면 뿌리가 뽑힐 수 있기 때문이고, 다음은 바람에 대한 예의 때문이다.

바람에 흔들리지 않으려고 발버둥 치다보면 자칫 생명을 잃을 수 있다. 어떤 생명체든 태어나면서 변치 않는 자신의 철학을 만들 수 없다. 세파에 흔들리면서 자신의 철학을 가다듬을 뿐. 바람에 흔들리면서 바로 서는 법을 배우는 법이다. 인간도 수천 번, 수만 번 넘어져야 겨우 걸을 수 있다. 쓰러지지 않고, 꺾이지 않고 살아가는 법은 없다.

나무가 바람에 흔들리지 않으면 바람은 또 얼마나 무안할까. 소나무는 바람을 맞이하여 수정하고, 단풍나무는 바람을 이용하여 씨앗을 멀리 보내 후손을 남긴다. 그래서 부는 바람을 기꺼이 맞이하는 게 도리다. 이를 거부하면 바람은 더 이상 나무에게 기대하지 않는다. 나무가 바람을 등질 때, 나무가 바람 불 때 고개를 숙이지 않을 때, 세상은 암흑으로 변할지도 모른다. 결국 품는 자가 위대하다. 품지 않고 내치는 자는 졸장부다. 그래서 바람을 품는 대나무가 군자다.

이정, 〈묵죽墨竹〉·〈풍죽도風竹圖〉
고요한 대나무에서 높은 기품과 격조를 느낄 수 있다. 바람에 흔들리는 대나무는 요염하다.
동시에 대나무는 흔들려야 곧을 수 있음을 보여준다.

중국 오대五代 서희徐熙(?~?)의 〈설죽도축雪竹圖軸〉은 이정의 작품과 사뭇 다르다. 눈 내린 대나무의 기상이 금강석처럼 단단하다. 한 치의 빈틈도 허용하지 않는 선비의 기상을 닮았다. 그러나 눈바람에 떨어져나간 잎은 처연하다. 얼마나 외로울까. 대나무 곳곳에 눈물 자국이 보이는 듯하다. 중국 강남의 명족 출신 서희의 설죽은 자신이 귀족의

서희, 〈설죽도축雪竹圖軸〉
눈 맞은 대나무의 기상이 매우 곧다. 그러나 나무의 아래 잎 떨어진 잔가지의 모습이 처량하다.
잎 떨어질 때 흘린 눈물은 비어있는 대나무 속에 가득하리.

기상을 닮았다는 것을 웅변하는 듯하다.

중국 남송南宋의 이안충李安忠(?~?)이 그린 〈죽구도竹鳩圖〉의 비둘기는 대나무가 아닌 다른 나무에 앉아있다. 비둘기가 다른 나무에 앉아있는 것은 그림 속 대나무에는 앉을 수 없기 때문이다. 그림 속 대나무는 이대(높이는 2~4미터이며, 잎은 어긋나고 피침 모양으로 줄기의 속이 비고 끝에 순이 생긴다. 여름에 가지 끝에 꽃이 원추圓錐 화서로 피고, 열매는 영과穎果로 가을에 익는다. 열매와 죽순은 먹고 줄기는 바구니, 조리 따위를 만든다.

한국의 중부 이남, 일본에 분포한다)다. 이 대나무는 키가 아주 작고 가늘어 비둘기가 앉을 수 없다. 무언가 응시하고 있는 그림 속 비둘기의 모습이 진지하다. 무슨 생각을 할까. 비둘기가 탐스러운 먹을 것을 응시하고 있는 걸까. 아니면 피곤해서 잠시 쉬고 있는 걸까. 아마 대숲에서 임이 기다리고 있을지도 모른다.

삶의 나침반

대나무의 특징 중 하나는 마디와 마디 사이가 진공상태라는 점이다. 다른 나무에서는 발견할 수 없는 대나무의 이러한 특징이야말로 사람들의 상상을 자극했다. 예컨대 쓰촨四川·구이저우貴州·윈난雲南 등의 산지 및 하곡河谷·사면斜面에 거주하는 이족彝族은 자신의 조상이 대나무에서 태어났다고 믿었다. 이족이 대나무가 자신의 조상을 낳았다고 믿었던 이유는 자신들의 삶에서 대나무만큼 중요한 것이 없었기 때문이기도 하지만, 대나무를 태울 때 나는 소리 때문이었다. 대나무를 잘라서 태우면 강한 폭발음이 난다. 자신의 조상을 문헌으로 확인할 수 없었던 이족은 이 소리에서 자신의 조상이 태어났다고 상상했던 것이다. 대나무 마디가 탈 때 나는 소리는 이족만이 아니라 서양인도 대나무를 '뱀부bamboo'로 표기하도록 했으며, 중국인이 대나무를 나타내는 한자 '竹'을 만들게 했다. 중국인은 대나무가 타는 소리를 듣고 폭죽爆竹을 만들었다. 폭죽은 바로 대나무가 타면서 나는 소리에 대한 한자다. 현재 중국인이 즐기는 폭죽놀이도 대나무의 특성에서 유래한 것이다.

어떤 이는 대나무를 사람에 비유하기도 했다. 중국의 서성書聖 왕

이안충, 〈죽구도竹鳩圖〉
귀여운 대나무와 깜찍한 비둘기가 돋보인다. 비둘기가 가냘픈 나뭇가지에 앉아있는 것은 몸길이와 비슷한 꼬리 때문이다. 삶에도 균형이 필요하다.

희지王羲之(307~365)의 아들 헌지獻之(348~388)는 대나무를 아주 좋아해 남의 집에 잠시 기거할 때마다 대나무를 심도록 하면서 "어찌 하루라도 이분(此君)이 없을 수 있겠는가?"라고 했다. 그래서 대나무를 '차군此君'이라 부르기도 한다. 왕희지 부자가 살았던 저장성 난정蘭亭은 대나무 숲이 유명하다. 나도 어느 해인가 이곳에 가서 왕희지 부자가 즐겼던 대나무 숲을 잠시나다 거닐었다.

우리나라 남도 사람들도 대나무 없이는 살 수 없었다. 이곳 사람들은 대나무로 만든 제품, 즉 죽제품竹製品을 통해 생계를 유지했다. 대나무는 우후죽순雨後竹筍이라는 말에서도 알 수 있듯이 성장이 아주 빨라서 다른 나무에 비해 활용 가치가 아주 높았다. 그래서 이곳 사람들은 대나무를 '살아있는 금', 즉 '생금生金'이라 불렀다.

대나무의 속성은 삶의 나침반이다. 대나무는 마디의 막힘과 진공의 빔을 동시에 만든다. 즉 대나무는 한옥의 방과 마루처럼 실과 허를 동시에 갖춘 나무다. 따라서 대나무의 모습은 채움과 비움의 변증법을 보여준다. 비우기만 하고 채우지 않는다면, 채우기만 하고 비우지 않는다면 대나무는 살아남을 수 없다. 인간의 삶도 마찬가지다. 애초부터 비움과 채움은 동전의 앞뒤와 같은 것이다. 대나무는 마디에서 가지를 만든다. 그리고 가지가 줄기를 만든다. 마디에서 생긴 가지는 줄기를 보호한다. 균형 잡힌 가지는 하늘을 향한다. 그러나 땅속의 뿌리는 하늘로 향하는 몸체를 위해 사방으로 뻗는다. 대나무의 뿌리도 몸처럼 마디가 있다. 뿌리와 몸이 어찌 닮지 않을까? 늘 푸르면서도 뿌리와 몸이 같은 모습인 대나무가 존경스러울 따름이다.

   한 폭의 비단에, 한 장의 종이에 붓을 들고 한 그루의 대나무를 단숨에 그리는 순간, 대나무의 기운이 그리는 자의 몸으로 들어간다. 그 순간 한 그루의 대나무가 몸속에서 영원히 자란다.

나는 아직 기다리고 있을테요, 찬란한 슬픔의 봄을

부드러움이 강함을 이긴다
벽오동에서 비움의 지혜를 엿보다
인류의 생명수, 포도나무
해당화, 사대부의 꽃이 되다
최선을 다하는 삶은 석류처럼 아름답다
'모란'에 대한 몇 가지 사색
살구나무에 이르러 생을 논하라

부드러움이 강함을 이긴다

버들처럼 물처럼

버드나무는 봄을 상징한다. 봄이 오면 나무에 물이 오른다. 봄에 나무에 귀를 기울이면 물관세포를 통해 올라가는 물소리를 들을 수 있다. 과학자는 깜짝 놀랄지도 모르겠다. 그러나 나무 몸속에 물이 흘러야 살아갈 수 있다는 사실을 부정하지 않는다면 얼마든지 들을 수 있다. 그런데 사람들은 나무의 몸속에서 물이 흐르는 것에 관심이 없다. 그저 꽃을 즐긴다. 꽃이 피려면 물이 있어야 한다. 나무를 안고 귀를 대거나 청진기를 대면 물소리가 우주를 울릴 만큼 웅장하다.

버드나무는 학명에서도 물을 강조하고 있다. 그러나 버드나무는 그 종류가 많아 이해하기가 녹록치 않다. 능수와 수양은 축 늘어진 식물에 붙이는 접두어다. 수양버들과 능수버들의 가지는 마치 커튼 같다. 능수버들의 모습을 이해하는 데는 정약용의 시 〈수류隨柳〉가 적격이다.

늘어진 수많은 버들가지
가지마다 푸르고 싱그럽구나
늘어진 실가지 봄비에 젖으면
사람의 마음을 흔들어 놓는구나

　버드나무를 의미하는 한자는 시에 등장하는 '류'와 더불어 '양楊' 도 사용한다. 때론 류와 양을 구분하는 경우도 있지만, 옛 시인들은 거의 구분하지 않고 사용했다. 이 시는 버드나무의 모습을 모두 실로 드러낸 게 특징이다. 시를 계속 보고 있노라면 시가 마치 능수버들 가지처럼 춤추는 것 같다.
　버드나무 그림은 윤두서尹斗緒(1668~1715)가 그린 〈유하백마도柳下白馬圖〉의 능수버들이 볼만하다. 〈자화상〉(국보 240호)으로 유명한 윤두서의 능수버들은 정약용의 시에서처럼 바람에 날리는 비단이 느껴진다. 실을 의미하는 '사絲'는 곧 비단을 의미하기 때문이다. 능수버들의 잎을 보니 계절은 봄을 훌쩍 넘긴 듯하다. 능수버들 나이도 결코 어리지 않다. 쭉 뻗지 않은 줄기가 연륜을 느끼게 한다.
　능수버들 아래의 백마는 주인을 기다리다 지친 기색이 역력하다. 뒷발 중 왼발을 들고 있다. 다리를 풀고 있는 중인가 보다. 그러나 표정은 초연하다. 말은 능수버들에 묶은 끈 때문에 싫든 좋든 주인이 올 때까지 기다릴 수밖에 없다. 백마의 꼬리도 버들가지를 닮아 유연하다. 그런데 주인은 어디 있을까. 무척 궁금하다. 호숫가 혹은 계곡의 어디엔가 있을 법하지만, 그림 속에 사람은 등장하지 않는다. 그림의 주제가 버들과 말이지만, 사람이 없다면 호숫가의 말도 있을 수 없으니 사람은 그리지 않아도 어딘가 숨어있을 수밖에 없다. 사대부가 말을 몰고 호숫

윤두서, 〈유하백마도柳下白馬圖〉
수양버들 아래 백마가 무심하다.
바람에 수양버들 가지가 흔들리지만
주인을 기다리는
백마의 마음은 변치 않는다.
수양버들 가지와
백마의 꼬리 갈기가 닮았다.

가 혹은 계곡에 오는 이유는 대개 몇 가지다. 하나는 심신을 달래기 위해서, 다른 하나는 오락이다. 오락은 여자와 함께일 수도 있다. 말을 타고 능수버들 일렁이는 모습을 감상하는 것만큼 즐거운 일이 있을까. 설령 솜처럼 하얀 버들개지가 눈앞을 가리고, 때로는 알레르기 때문에 고생하더라도 즐거움에 비하면 그것은 아무것도 아니다.

능수버들을 전부 그리지 않은 것도 매력이다. 만약 능수버들 전체를 그렸다면 말과 균형이 맞지 않을 뿐 아니라 능수버들의 매력도 떨어졌을 것이다. 일부분만 보여줌으로써 버들의 전체를 상상하게 만들고, 바람에 흔들리는 가지를 돋보이게 할 수 있다. 말을 제외하면 그림 속 장면은 주위에서 얼마든지 볼 수 있지만, 흰 말이 함께 있는 버드나무는 결코 쉽게 볼 수 없다. 말이 있으니 능수버들도 한층 고귀하게 느껴진다.

북송 말부터 남송 후기에 걸쳐 5대, 일곱 명의 화원·화가를 배출한 마씨 일가의 대표적인 화가인 남송 마원馬遠(1160/65?~1225)의 〈산경춘행도山徑春行圖〉에는 말 대신 사람이 있다. 마원의 그림에 등장하는

마원, 〈산경춘행도山徑春行圖〉
지름길로 달려온 주인공이 이른 봄 수양버들을 바라본다. 낚싯대처럼 강가에 드리운
수양버들 가지 끝에 시선이 꽂힌다. 상념에 잠긴 그 속내가 궁금하다.

 사람은 전형적인 사대부다. 제목으로 보면 이 사람은 분명 봄 풍경을
보기 위해 지름길로 왔다. 그가 지름길로 온 것은 아름다운 봄 풍경을
빨리 보고 싶었기 때문일 것이다. 그런데 능수버들 아래의 동자는 주
인이 산수를 즐기고 돌아올 때까지 무작정 기다려야 한다. 그림은 제
목처럼 선비가 버들잎 나부끼는 강가에서 봄을 즐기는 모습이다. 윤
두서의 그림에 등장하는 말의 주인도 마원의 그림에 등장하는 선비와
크게 다르지 않을 것이다. 두 그림에 등장하는 능수버들은 공통점이
있다. 두 그림에 등장하는 능수버들은 거의 고목에 가깝다. 만약 그림
에 아주 가느다란 능수버들을 그렸다면 격이 떨어졌을 것이다. 굵은
줄기와 가느다란 가지가 운치를 더한다. 그런데 능수버들 가지가 줄

기에 비해 기형적일만큼 길다. 마치 가지가 사대부 대신 강가에서 낚시하는 듯하다. 나무의 가지가 왜 강 쪽으로 길게 뻗었는지는 나무의 자태를 보면 알 수 있다. 이 나무는 왼쪽으로 상당히 기울어있다. 그래서 나무는 넘어지는 것을 스스로 막기 위해 가지를 반대편으로 길게 만든 것이다. 아울러 가지를 길게 드리우니 그 아래 사람과 잘 어울린다. 만약 나무의 줄기를 곧장 위로 뻗게 하고, 가지를 사람이 서 있는 위치까지만 그렸다면 격은 상당히 떨어졌을 것이다. 능수버들 밑의 떨기나무의 잎도 선명하다.

능수버들 가지에는 한 마리 새가 앉아있다. 앉은 새 때문에 능수버들의 가지는 강물에 닿을 듯하다. 앉은 새는 사람을 피해 날아가는 동료를 응시하고 있다. 앉은 새도 선비를 피해 날 시점을 계산하고 있을 것이다. 팔을 낀 선비는 자신 때문에 날아가는 새를 응시하고 있다. 그림 상단에는 남송 영종의 황후로 알려진 양매자楊妹子의 제시題詩가 있다.

소매를 스치는 들꽃은 바람결어 춤추고
사람 피해 나는 새는 울음을 그쳤네.

중국 남송 마린馬麟의 〈누대야월도樓臺夜月圖〉에는 능수버들과 함께 집이 등장한다. 마린은 마원의 아들이다. 누는 2층을 말한다. 그림 속의 누는 상당한 규모다. 달빛에 비친 능수버들이 그윽하다. 특히 능수버들과 달빛의 색깔 대비가 돋보인다. 이는 마원 산수화의 특징이다.

누 주위는 온통 능수버들이다. 강 언덕에 자리 잡은 누에서 능수버들에 걸린 달을 감상하는 자는 과연 누구일까? 어떤 팔자이기에 이런 곳에서 삶을 즐기는가. 누 앞에 우뚝 솟은 능수버들이 눈을 사로잡는다. 만약 이 나무의 가지를 강 쪽으로 길게 뻗게 했다면 그림은 아마 생동감이 사라질 것이다. 그림 속의 능수버들은 잔가지가 보이지 않을 만큼 잎이 무성하다. 능수버들의 잎은 작은 카누처럼 생겼다. 내공이 대단한 사람은 달마가 갈대를 타고 양자강을 건너간 것처럼 능수버들 잎으로 뱃놀이를 했을 지도 모른다. 산의 높이로 미루어 보건대 강물도 꽤나 깊을 듯하다.

버드나무에 이기는 법을 배우다

봄은 버드나무다. 능수버들이든 어떤 버들이든 버드나무는 강인한 생명력을 상징한다. 중국 이시진李時珍(1518~1593)의 《본초강목本草綱目》을 보면 거꾸로 심어도 산다고 할 정도로 버드나무는 강인하다. 그래서 버드나무는 이별할 때 꺾어주는 '생명의 나무'였다. 조선 중기 상촌象村 신흠申欽(1566~1628)의 시도 버드나무의 강인한 생명력을 드러냈다.

> 오동나무는 천년이 지나도 항상 제 곡조를 간직하고
> 매화는 평생 춥게 살아도 향기를 팔지 않는다네.
> 달은 천 번 이지러져도 그 본질이 남아있고
> 버드나무는 백번 잘려도 새 가지가 나온다네.

이별의 시에 버드나무 가지가 등장하는 것도 이 나무가 지닌 강인한 생명력 때문이다. 물론 모든 생명체는 버드나무처럼 강인하다. 그러나 유독 버드나무를 강인한 생명력을 지닌 나무로 생각한 이유는 부드러움 때문이기도 하다. 강한 것은 결국 부드러운 법이다. 그래서

마린, 〈누대야월도樓臺夜月圖〉
달을 그리워하는 수양버들의 목이 하늘로 뻗었다.
창백한 달이 비치면 수양버들의 몸은 석양처럼 뜨겁게 달아오르리라.

부드러운 게 강한 것을 이긴다는 '유승강柔勝强'이라는 말이 생겼다. 버드나무가 부드러운 것은 부드러운 물을 좋아하기 때문이기도 하다.

전국시대의 고자告子는 인간의 본성을 부드러운 버드나무의 속성에 빗댔다. 그는 맹자의 성선설과 달리 인간의 본성을 선한 것도 아니고 악한 것도 아니라고 주장했다. 그는 인간의 본성을 구성하는 인의仁義가 그릇을 만드는 기류杞柳(버드나무)와 같다고 생각했다. 불교의 관세음보살도 버드나무로 중생을 교화한다. 이처럼 부드러운 버드나무는 인간의 본성을 설명할 만큼 중요한 존재다.

봄이 깊어가면 하얀 버들개지가 대지를 덮는다. 이러저리 뒹구는 버들개지는 마치 눈이나 솜이 날리는 것 같다. 따뜻한 봄날 저녁 정자에 누워 버들개지를 이불 삼아 달을 감상할 날이 언제 오려나. 그러나 무작정 기다리는 사람에게는 그런 날이 결코 오지 않는다. 봄날 당장 가까운 냇가로 가면 그림 속 장면을 만끽할 수 있다. 많은 사람은 현실이 늘 그림보다 거칠다고 생각할지 모르지만, 현실은 언제나 그림보다 아름답다. 이 세상에서 가장 아름다운 장면은 현실이다. 현실이 아름답지 않다면 그 어떤 곳에서도 아름다운 것을 즐길 수 없다.

버드나무는 아름다움을 상징하는 나무다. 미인의 눈썹을 의미하는 유미柳眉도, 미인의 허리를 의미하는 유요柳腰도 모두 버드나무를 본 뜬 단어다. 이처럼 아름다움은 버드나무처럼 강인한 데서 유래한다. 만약 나약한 자가 아름답다면 이 세상은 결코 아름다워질 수 없다. 버들이 오물을 정화시키는 데 탁월한 능력을 가진 것도 강인하면서도 부드럽기 때문이리라. 버들이 척박한 환경에서도 거뜬히 살아남을 수 있는 것은 작곡과 작사를 능수능란하게 할 수 있는 음악가적 기질 때문이다. 초등학교 시절 신작로의 버들로 피리를 만들어 불며 귀가하던 모습을 떠올리면 힘든 일상도 즐거워진다.

지금은 포장 때문에 모두 잘려나갔다. 버드나무가 잘려나가는 순간, 나의 추억도 아스팔트 아래에 깔려 숨조차 쉬지 못하고 있다. 무식한 공무원들이 하천의 버드나무를 베고, 그 자리에 꽃을 보기 위해 벚나무를 심는다. 산수화에 버드나무가 등장하는 것은 그저 운치를 즐기기 위해서가 아니다. 산수화에 등장하는 강가의 버드나무는 그림을 위해 만들어낸 존재가 아니라 선인들이 토양과 기후를 고려한 조영造營의 산물이다.

벽오동에서
비움의 지혜를 엿보다

모방은 창조를 낳고

우리나라 사람들에게 벽오동은 꿈의 나무다. 그러나 이상이 현실에 뿌리박고 자라듯, 벽오동도 봉황을 만날 때만 꿈의 나무다. 이처럼 나무를 비롯한 모든 생명체는 누굴 만나야 존재할 수 있다. 키 큰 갈잎 벽오동은 껍질이 푸르기 때문에 생긴 이름이다. 벽오동은 껍질만 보아도 오동나무와 쉽게 구분할 수 있다.

표암豹菴 강세황姜世晃(1712~1791)의 〈벽오청서도碧梧淸暑圖〉에서도 껍질만 봐도 벽오동을 쉽게 구별할 수 있다. 그림에는 우리에게 잘 알려진 호인 표암이 아니라 또 다른 호인 첨재添齋가 보인다. 더욱이 이 그림에는 강세황이 다른 사람의 그림을 모방했다는 사실이 기록되어 있다. 그 흔적은 '방심석전倣沈石田'이다. 이는 심석전의 그림을 모방했다는 뜻이다. 심석전은 중국 명대의 문인화가 심주沈周(1427~1509)를 가리키는 말이다. 그의 호가 석전이라 '심석전'이라 부른다. 강세황이 모방한 심주의 작품은 같은 제목으로 《개자원화전芥子園畵傳》에 실려 있다. 명대 장쑤성江蘇省 장주長洲 출신의 심주는 처음에는 동원董源·거연巨然·이성李成 등의 화법을, 중년 이후에는 황공망黃公望(1269~1354), 만년에는 오진吳鎭에 심취했다. 중국 청나라 초 이어李漁(1611~1685)가 남경의 개자원에서 출판한 《개자원화전》은 중국뿐 아니라 당시 조선의 산수화 교본이었다. 그러나 우리나라에는 아직 이 작품의 완역본이 없다. 현재 우리나라 번역본은 일본판을 그대로 옮긴 것이지만, 일본판을 참고했다는 사실조차 숨기고 있다. 한마디로 우리 번역본은 완벽한 표절이다.

강세황의 작품은 심주의 작품을 모방했지만 다른 점도 적지 않다. 강세황 작품의 전체 구도는 심주의 작품과 같다. 그러나 자세히 관찰하면 조금씩 다른 부분을 찾을 수 있다. 우선 이 작품의 벽오동은 원작보다 사실적이다. 원작의 경우 제목을 모르면 벽오동이라는 사실을 알아차리기가 쉽지 않다. 줄기와 잎 모두 벽오동이라는 것을 분명하게 드러내지 못한다. 반면 강세황의 작품은 줄기부터 벽오동을 잘 드러내고 있다. 물론 잎은 벽오동인지 쉽게 구분할 수 없지만 원작보다 짙은 게 특징이다. 전체 구도도 조금 다르다. 원작에는 벽오동과 바위 간의 거리가 아주 좁고, 벽오동이 바위에 걸쳐있다. 반면 모작에는 벽오동과 바위 간의 거리가 꽤 넓고, 바위의 모양과 구도도 조금 다르다. 원작의 집 측면에는 없지만, 모작에는 이대로 보이는 대나무가 있다. 원작은 벽오동과 바위 간 간격이 좁아서 다소 답답한 구도지만, 모작은 간격이 넓어서 상대적으로 여유롭다. 파초도 원작과 모작 간에 차이가 있다. 원작의 파초는 잎보다 줄기를 강조한 반면, 모작은 줄기보다 잎을 강조하고 있다. 두 작품의 또 다른 차이점은 원작의 경

(위) 강세황, 〈벽오청서도碧梧淸暑圖〉

벽오동 아래 더위를 식히는 작품이다. 벽오동과 바위가 선비의 기상을 드러낸다. 깨끗한 길을 쓰는 동자의 모습은 주인공이 누군가 기다린다는 뜻이다. 혼자 있으면 때론 외로운 법이니까.

(아래) 심주, 〈벽오청서도〉(《개자원화전芥子園畵傳》에서)

벽오동의 큰 키가 사람을 압도한다. 벽오동의 잎이 바위까지 닿은 모습은 나무의 크기와 함께 강세황의 작품과 다른 점이다.

우 원경遠境이 없지만, 모작에는 원경이 있다는 것이다. 두 그루 벽오동의 자세도 조금 다르다. 원작의 벽오동은 줄기의 굵기가 매우 비슷하지만, 모작의 경우는 앞쪽 벽오동이 배 정도 굵다. 나무의 기울기도 원작은 두 그루 모두 15도 정도 기울었지만, 모작의 경우 뒤쪽 나무는 거의 곧다. 그림 속 두 그루 벽오동을 한참 들여다보고 있노라면 원작은 초막의 사람을 압도하지만, 모작은 그렇지 않다. 원작의 경우 집에 비해 나무가 지나치게 크지만, 모작은 작지도 크지도 않다.

석당石塘 이유신李維新(?~?)도 강세황과 같은 제목의 작품을 남겼다. 석당의 그림도 원작과 강세황의 모작과 비교하면 조금 다르다. 전체 구도는 원작에 가깝지만 벽오동의 모습은 강세황과 닮았다. 다만 석당의 벽오동은 원작처럼 줄기의 굵기가 거의 같지만, 잎을 처리한 방식이 조금 다르다. 그림의 제목인 〈벽오청서도〉는 벽오동 아래서 더위를 식힌다는 뜻이다. 그림 속 벽오동은 초막을 덮고도 남을 만큼 무성하다. 만약 벽오동이 한 그루였다면 선비가 더위를 피하기 쉽지 않았을 것이다. 더욱이 주위에는 초막 안의 선비가 더위를 피할 만한 나무도 없다. 그래서 두 그루의 벽오동이 작품 제목에도 잘 어울린다. 《개자원화전》에 따르면, 산수화에 두 그루의 나무가 등장하는 것을 '이주법二株法'이라 한다. 이주법에는 두 그루를 따로따로 그리는 '이주분형二株分形', 두 그루를 교차해서 그리는 '이주교형二株交形', 큰 나무와 작은 나무를 그리는 '대소이주大小二株' 등의 세 가지 방법이 있다. 심주의 그림은 이주분형에 해당한다.

그림에서 눈을 초막 밖으로 돌리면 전혀 다른 장면을 만난다. 더위에 비질하는 동자가 눈에 띈다. 눈이 동자에 머무는 순간 마음이 시리다. 굳이 마당에 치울만한 것도 없는데도 시동이 비질하고 있으니 말이다. 물끄러미 비질하는 시동을 바라보는 선비의 마음은 편할까. 혹시 주인이 손님을 기다리는 것일까. 시동과 함께 더위를 피하는 그림은 없을까. 산수화는 늘 아름다운 자연을 담고 있지만, 선비는 자연을 독점하고 있다. 그러나 자연은 독점의 대상이 아니라 더불어 즐기면서 존경하는 대상이어야 한다. 자연은 '여민동락與民同樂'의 대상이기 때문이다.

높은 뜻을 향한 그리움

젊은 시절 벼슬에 뜻을 두지 않았던 강세황이 무슨 목적으로 벽오동을 그렸을까? 벽오동을 그린 뜻이 봉황을 보는 것이라면, 과연 봉황은 무엇일까. 대다수의 조선 선비가 벼슬에 뜻을 두었음을 감안한다면, 봉황이 높은 벼슬일 수도 있다. 그러나 관념적인 조선 선비상을 떠올린다면 봉황은 분명 높은 벼슬이 아닐 것이다. 조선 선비의 처세술은 자신의 뜻을 펼칠 만하면 나아가고, 그렇지 않으면 초야에 묻혀 시서화詩書畵에 전념했다. 그들은 농사를 짓지 않고서도 시서화를 즐길 수 있었던 사람이다. 강세황이 조선의 진경산수화에 공헌했지만, 그의 그림은 치열한 삶을 드러내지 못한다. 그림 속에 등장하는 벽오동과 대나무와 파초는 모두 선비를 상징하는 식물이지만, 초막에 앉아있는 사람은 결코 세상일을 몸소 실천하는 사람이 아니다. 그저 동자를 바라보듯 세상을 관조할 뿐이다.

벽오동은 오동나무와 껍질도 다르지만 열매도 다르다. 벽오동의 열매는 마치 작은 배처럼 생겼다. 한여름이 지날 즈음 열매가 익으면 콩알만한 씨앗이 '승선객乘船客'처럼 가을 하늘을 즐긴다. 중국 송나라

작자 미상,
〈오동저취도梧桐蟲嘴圖〉(부분)
벽오동 가지에 앉아 열매를 먹고 있는 새의 모습이 참 행복해 보인다. 늦가을 벽오동 열매를 먹은 새는 어디론가 날아가 이 나무의 후손을 남길지도 모른다. 봉황이 없어도 공생의 의미를 되새기게 하는 작품이다.

작자 미상의 〈오동저취도梧桐蟲嘴圖〉는 벽오동의 열매를 모르는 사람들에게 중요한 정보를 제공한다. 그림의 제목은 오동이지만 열매를 보면 벽오동이다. 이처럼 중국과 우리나라 자료에는 벽오동과 오동을 엄격히 구분하지 않았다. 그림 속 벽오동 열매는 완전히 벌어져 새가 먹기에 아주 적합하다. 누군가 열매를 잘 먹을 수 있도록 만드는 게 벽오동의 전략이다. 누군가가 열매를 먹지 않는다면 후손을 남길 가능성이 그만큼 줄어들기 때문이다. 새들이 씨앗을 맛있게 먹어야 널리 후손을 퍼뜨릴 수 있다. 그렇지 않고 땅에 떨어지면 부자 간에 삶의 터전을 두고 경쟁해야 할 지도 모른다. 이보다 큰 비극도 없다. 가능하면 후손이 멀리 가서 영역을 개척해야만 벽오동 집안이 번성한다.

벽오동의 가지는 마치 대나무처럼 마디가 있는 듯하다. 육안으로 쉽게 볼 수 있는 모습은 아니지만 자세히 보면 확인할 수 있다. 그러나 어린 나무의 경우에는 이런 현상을 찾아보기 어렵고 나이를 상당히 먹은 나무라야 가능하다. 그런데도 가지를 마디처럼 그린 것은 벽오동의 가지에서 잘 드러나지 않은 장면까지 드러내려는 작가의 깊은 뜻인지도 모른다. 이 그림의 특징 중 하나는 잎이 보이지 않는다는 점이다. 벽오동 열매가 벌어져도 일정 기간 잎은 달려있다. 이 작품에 잎이 보이지 않는 것은 시기상 늦가을이라는 것을 강조하기 위한 것이거나 열매를 강조하기 위한 작가의 작전일지도 모른다.

우리나라에서 볼 수 있는 벽오동은 중국이 원산지다. 학명에는 원산지 표시가 없지만, 영어권에서는 벽오동을 '중국의 파라솔 나무Chinese Parasol Tree'라 부른다. 이는 벽오동의 잎을 강조한 것이지만, 벽오동의 잎보다 오동나무의 잎이 파라솔에 어울린다. 벽오동이든 오동이든 잎이 큰 것은 일종의 성장 전략이다. 벽오동은 햇볕을 많이 받아야 제대로 살아갈 수 있다. 그리고 속을 비우는 것이다. 벽오동의 '동'은 비어 있는 대롱 즉, '통筒'을 뜻한다. 강세황의 그림에 등장하는 벽오동과 대나무는 비어있다는 점에서 살아가는 방식이 닮았다.

살아가면서 각자 벽오동을 한 그루씩 가지고 있다면 얼마나 좋을까. 나는 직장과 집 근처 공원에 나만의 벽오동이 한 그루씩 있다. 특히 집 인근의 벽오동은 밑둥에서 가지가 곧장 두 갈래로 길게 뻗어 마치 바오밥나무처럼 위풍당당하다. 공원에 가면 한참 동안 이 나무를 안거나 쳐다보느라 정신이 없다. 이곳 벽오동은 잎이 거의 없기 때문에 줄기가 주는 에너지가 다른 벽오동보다 한층 강력하다. 이곳 벽오동에 봉황이 앉은 것을 한 번도 본 적은 없지만, 만날 때마다 봉황을 기다린다. 밤에 벽오동을 안고 달을 보면 봉황처럼 내려앉고, 낮에는 해가 봉황처럼 날아오른다. 봉황을 기다리는 벽오동은 푸른 색깔처럼 나를 슬프게 한다. 그러나 그 슬픔이야말로 희망의 에너지다.

비워야 큰 그릇이지

한 존재의 '그릇'은 얼마나 비워두는가에 달렸다. 그릇이 비어있지 않다면 음식을 담을 수 없다. 비워두지 않을 경우 어떤 것도 받아들일 수 없고, 누구와도 소통할 수 없다. 옛사람들이 벽오동에서 이상과 꿈을 찾았던 것도 이 나무의 삶이 비움과 채움으로 이루어진다는 것을 알고 있었기 때문이다. 벽오동이 만약 자신을 비워두지 않는다면 결코 봉황을 불러들일 수 없을 것이다. 벽오동과 오동이 비어있기에 아름다운 악기를 만들 수 있다. 세상의 모든 악기는 비어있을 때 비로소 소리를 낼 수 있는 법이다. 이게 모든 생명체의 사는 법, 즉 '생태生態'다.

벽오동과 사람의 사는 법이 다를 리 없다. 선인들이 오동잎이 떨어지는 것을 보고 세상을 읽었듯 그림 속 벽오동을 보면서 우주의 이치를 깨달을 때, 한 폭의 그림이 진정 스승으로 태어난다. 한정된 그릇이 아닌 '불기不器'라야 진정 군자君子다. 우주를 그릇으로 삼아야 생명체는 행복하다.

인류의 생명수, 포도나무

생명수, 비단길로 오다

포도는 꿈을 나르는 포도鋪道다. 포도가 어떤 나무이기에, 그리고 열매가 어떤 맛을 지녔기에 세상 사람들이 포도주에 열광하는가. 포도나뭇과의 갈잎 덩굴나무인 포도는 세계에서 가장 오래전부터 재배한 과일이다. 더욱이 세계 과일의 1/3이 포도다. 세계 인구가 엄청난 양의 포도를 먹는다는 뜻이다. 나 역시 가장 많이 먹는 과일이 포도다.

  포도는 코카서스 지방과 카스피 해 연안이 원산지로 알려져있다. 기원전 3000년경부터 심었다니 재배 역사가 5000년에 이른다. 포도가 우리나라에 들어온 시기는 고려 시대, 중국에는 한나라 때 장건이 서역에서 비단길로 들여왔다. 그리스인에게 포도는 필수품이었으며, 성경에서는 포도를 '생명'에 비유했다. 포도에 대한 관심은 동서와 고금을 막론하고 대단했다. 포도에 대한 관심이 많으니 자연히 이 나무에 대한 연구·개발도 활발할 수밖에 없었다. 중국 오대에는 씨 없는 포도가 나왔다. 우리나라도 17세기에 실학자 유암流巖 홍만선洪萬選(1643~1715)이 쓴 《산림경제山林經濟》를 보면, 여러 종류의 포도를 언급하고 있음을 알 수 있다. 즐겨먹는 포도에 화가들이 관심을 갖는 것은 아주 자연스러운 현상이다. 신잠申潛(1491~1554), 신사임당申師任堂(1504~1551) 등이 먹으로 포도를 그렸다. 조선 중기 황집중黃執中(1533~?)은 당대에도 〈묵포도도墨葡萄圖〉로 유명했다. 같은 시기에 활동한 이우李瑀(1469~1517)와 홍수주洪受疇(1642~1704), 이계호李繼祜 등은 잎과 포도 알을 훨씬 촘촘하게 표현했다. 이러한 전통은 조선 후기 최석환崔奭煥으로 이어졌다. 또한 심사정沈師正(1707~1769)의 부친인 심정주沈廷冑와 권경權憼도 포도를 잘 그렸다.

이계호의 〈포도도〉 속 포도는 바람에 날리는 듯하다. 붓의 힘이 만만찮다. 포도가 어디론가 떠나는 모습이다. 그림은 이계호의 호 '휴휴休休'처럼 쉬는 게 아니라 쉼 없이 움직인다. 그러나 포도가 용처럼 날아오르는 모습이 이계호의 호 휴휴처럼 아름답다. 한자 '휴休'에는 쉰다는 뜻 외에도 아름답다는 뜻이 있다. 열매는 그다지 크지 않다. 포도의 굵기는 요즘의 포도와 비교하면 상당히 작은 편이다. 머루와 담쟁이덩굴 열매와 비슷하다. 국립중앙박물관에 소장된 그림은 포도가 아직 싱싱한 모습이지만, 또 다른 〈포도도〉는 포도 잎이 빛바랜 모습이다. 빛바랜 모습은 늦여름 혹은 초가을 분위기를 자아낸다. 빛바랜 잎과 더불어 열매 중 일부는 말라서 검은 색을 완전히 잃어버렸다. 익은 포도와 마른 포도의 색 대비가 좋다.

중국 남송 시대 임춘林椿(?~?)의 그림은 포도송이가 요즘 포도처럼 아주 크다. 혹 청포도일지도 모른다. 이계호의 그림이 포도나무와 송이를 함께 그렸다면, 임춘의 그림은 잎보다 열매를 강조한다. 임춘의

이계호, 〈포도도葡萄圖〉
긴 가지의 흐름이 이 나무가 덩굴식물이라는 것을 잘 보여준다.
포도송이보다 잎이 무성한 나무에서 희망이 보인다. 나뭇가지로 원을 그린 것은 작가의 소원일까.

그림에는 제목처럼 나뭇가지에 잠자리 한 마리가 포도를 응시한다. 그러나 이계호의 그림에는 곤충이 없다. 다만 임춘의 그림이 정적靜的이라면 이계호의 그림은 동적動的이다.

우물가 포도 한 그루

내 고향 우물가에는 한 그루의 포도나무가 살고 있다. 중학교 시절 이

이계호, 〈포도도〉
잎과 열매가 포도의 1년 삶을 마무리하는 모습을 잘 보여주는 작품이다. 검은 색의 열매와 누른색 잎 간의 색 대비가 돋보인다. 가지 중간 중간 떨어진 잎 자국에서는 세월의 무게를 느낄 수 있다.

옷집에서 가지를 꺾어다 심었으니 나이도 벌써 서른 살이 넘었다. 얼마 전 고향에 가보니 잎이 하나둘씩 돋아나고 있었다. 이곳 포도나무는 한여름 우물가 전체를 덮어 하늘이 보이지 않는다. 나는 고향 갈 때마다 여름이면, 우물가 포도나무에 달린 열매를 하나둘씩 따먹는다. 임춘의 그림에 등장하는 포도도 고향 우물가의 포도와 똑같다. 옛날에는 이곳 포도로 직접 잼을 만들기도 했다. 많이 열리는 해에는 이곳 포도로 술도 담갔다. 그러나 난 포도주가 체질에 맞지 않는지 도수

인류의 생명수, 포도나무 101

가 낮은데도 외려 독한 술보다 많이 마실 수 없다. 왜 그런지 알 수 없다. 혹 포도주를 마실 때 음악이 없었기 때문일지도 모른다. 포도주는 모름지기 갖은 분위기를 만들어 마시는 게 적격이다. 당나라 왕한王翰(687?~726?)의 《양주사凉州詞》를 읽으면 짐작할 수 있다.

> 포도로 담근 멋진 술을 야광 옥잔에 부어
> 마시려할 때 비파를 말 위에서 연주한다
> 취해서 사막에 쓰러져도 그대여 웃지 말라
> 예부터 전쟁터에 갔다가 돌아온 이 몇이던가

왕한처럼 포도주를 마실 땐 야광 옥잔에 마시지 못할망정 집에서 가장 고급스러운 잔으로라도 마셔야 제맛을 즐길 수 있다. 그러나 말 위에서 비파를 연주하면서 포도주를 마시는 장면은 감히 흉내조차 낼 수 없다. 포도주를 생각하면서 문득 고려 시대 임춘林椿을 떠올리면 지나친 상상일까. 공교롭게도 남송 시대의 임춘과 한자가 같다. 내가 포도주를 생각하면서 고려 시대의 임춘을 상상한 것은 이 사람이 술을 의인화한 《국순전麴醇傳》의 저자이기 때문이다.

포도나무는 늦가을에 잎이 떨어진다. 간혹 떨어진 잎이 하수구를 막아 비난받지만, 손바닥처럼 생긴 잎이 없다면 맛있는 포도를 먹을 수 없다. 포도는 작은 잎이 큰 잎으로 성장하면서 생기기 때문이다. 나는 포도나무 잎을 생각할 때마다 잎에서 장난치던 앙증맞은 무당벌레를 떠올린다. 한여름 포도나무 잎에서 놀고 있는 무당벌레를 바라보면서 우물물에 국수를 씻어 한입 먹던 추억을 되새김질하는 것도 칠레산 포도주보다 맛있다.

열매만 생각하고 잎을 생각하지 않는다면, 잎만 생각하고 꽃을 생각하지 않는다면, 한 존재의 삶을 온전히 바라보는 게 아니다. 이 세상에 포도 꽃을 본 사람이 얼마일까? 잎 떨어진 나뭇가지에는 간혹 먹다 남은 포도송이가 말라비틀어진 채 겨울을 맞는다. 말라비틀어진 포도가 건포도다. 나무에 달린 건포도마저 사람이 먹으려 들면 안 된다. 쥐나 벌레의 먹잇감이기 때문이다. 나뭇가지에 달린 건포도는 아주 오랫동안 그 자리를 지킨다. 나뭇가지에 달린 건포도는 마치 어린 아이가 늙은 어미를 추위에서 보호하는 것처럼 애처롭다. 이처럼 한 존재의 삶은 언제나 처연하면서도 아름답다.

연륜은 명품을 낳고, 명품은 감동을 선사한다

명품은 인내와 열정으로 탄생한다. 명품으로 평가받기 위해서는 절대 시간과 인내가 필요하기 때문이다. 나무 천연기념물의 경우 종류와 특성에 따라 다르지만, 최소 이백 년 이상의 세월을 견뎌야만 지정받는다. 한 존재가 적어도 이백 년 동안 살아남기 위해서는 남다른 인내와 열정이 필요하다. 이 기간 동안 크고 작은 사건과 위험이 한 생명을 끊임없이 위협하기 때문이다.

요즘 포도주에 대한 관심이 매우 높다. 그래서 도시 곳곳에서 와인전문점을 쉽게 찾을 수 있다. 와인 전문점에는 각국의 포도주가 전시되어 있다. 포도주의 가격을 보면 천차만별이다. 포도주 맛에 민감하지 않는 사람들은 적당한 가격의 상품을 골라 마시지만, 맛에 아주 예민하거나 즐기는 사람은 소위 '명품'을 찾는다. 나는 미각이 발달하지 않아 명품 와인에 큰 관심이 없지만, 명품 와인이 어떻게 만들어지는

임춘, 〈포도초충도葡萄草蟲圖〉
포도 잎에 가려진 포도송이와 맛있는 먹이를 즐기고 있는 곤충이 계절을 느끼게 한다. 푸른색 포도송이가 군침을 흘릴 만큼 먹음직스럽다.

지에는 관심이 많다. 내가 명품 와인이 만들어지는 과정을 중시하는 것은 결과만큼 과정이 중요하다는 철학과 더불어 와인의 원료인 포도나무에 대한 관심 없이는 명품 와인을 이해할 수 없기 때문이다. 명품 와인을 만들기 위해서는 적어도 두 가지 조건이 필요하다. 하나는 포도를 생산하는 나무고, 다른 하나는 생산한 포도의 가공 기술이다. 두 가지 조건의 공통점은 절대 시간이 필요하다는 점이다.

명품 와인을 만들기 위해서는 포도나무의 수령이 적어도 30년 이상이어야 한다. 포도나무는 대개 묘목을 심으면 3년 만에 열매를 생산할 수 있다. 그런데 세월이 흐르면 나무가 노쇠해져 수확량이 떨어진다. 그래서 대부분의 농가에서는 수확량을 많이 만들어 판매하기 위해 오래된 나무를 캐내고 다시 묘목을 심는다. 사실 한 농가에서 30년 넘게 포도나무가 크기를 기다리기란 여간 어렵지 않다. 더욱이 와인을 만들 포도가 아니라면 구태여 그렇게 할 필요조차 없다. 그러나 포도나무가 30년을 자랄 때까지 기다리지 않고서는 명품 와인을 만들 수 없다.

유럽에 명품 와인이 많은 것도 30년 동안 포도나무가 자라기를 기다렸기 때문이다. 더욱이 명품 와인을 만드는 곳에서는 대를 이어 제조 기술을 익히고 개발한다. 그래야만 독자적인 기술과 명성을 얻을 수 있다. 한 잔의 명품 와인이 만들어지기까지 열정과 인내를 함께 마셔야만 진정한 와인의 참맛을 즐길 수 있는 것이다.

명품의 생산과정을 이해한다는 것은 특별한 의미가 있다. 사람들이 명품을 찾는 이유는 단순히 맛의 문제가 아니라 상품에 문화가 녹아있기 때문이다. 아무리 맛이 뛰어나더라도 문화가 녹아있지 않다면 명품의 반열에 오를 수 없다. 문화는 사람의 열정과 인내가 만든다. 고난과 역경을 딛고 30년 동안 살아낸 포도나무도 문화다. 나무의 치열한 삶과 인간의 열정과 기술이 만나야만 명품은 탄생한다. 그래서 진정한 명품은 사치가 아니라 많은 사람에게 감동을 선사한다.

해당화,
사대부의 꽃이 되다

해당화 피고 지는 섬마을

장미과의 해당화海棠花는 한자 이름이다. 해당화의 '해'는 이 나무가 사는 곳이 바닷가라는 사실을 알려준다. '화'가 들어있는 식물 이름은 꽃을 강조한 것이다. 해당화 이름도 사는 곳과 함께 꽃을 강조한 이름이다. 해당화는 잘 살 수 있는 곳이 바닷가인지라 우리나라에서도 남쪽 바닷가에서 자주 볼 수 있다. 가수 이미자가 불렀던 〈섬마을 선생님〉에서도 해당화의 생태를 읽을 수 있다.

> 해당화 피고 지는 섬마을에
> 철새따라 찾아온 총각 선생님
> 열아홉 살 섬색시가 순정을 바쳐
> 사랑한 그 이름은 총각 선생님
> 서울엘랑 가지를 마오 가지를 마오

언젠가 태안반도 만리포 해수욕장에서 해당화를 본 적이 있다. 아름다운 만리포 사구砂丘에서 꽃과 열매를 함께 달고 있던 해당화가 아직도 눈에 선하다.

안견, 김홍도와 함께 조선 3대 화가로 꼽는 장승업張承業의 〈해당청금海棠靑禽〉에도 해당화가 등장한다. 그림 속 해당화는 가지가 두 갈래다. 하나는 하늘을 향하고, 다른 하나는 땅을 바라본다. 가지의 굵기로 보아 상당한 연륜을 느낄 수 있다. 이처럼 가지가 굵은 해당화는 보기 쉽지 않다. 해당화 가지를 상하로 그린 것은 암수의 새와 짝을 맞추기 위함인지도 모른다. 새들이 각각 하나의 가지에 앉아있기 때문이다.

꽃이 만개한 점으로 보아 계절은 봄과 여름 사이다. 그런데 핀 꽃 색깔이 흔히 볼 수 있는 붉은 꽃 해당화와 조금 다르다. 그림 속의 해

장승업, 〈해당청금海棠靑禽〉
수수한 해당화와 두 마리 새가 잘 어울린다. 풍성한 해당화 꽃은 새들이 사랑을 속삭일 보금자리로 적격이다.

당화는 오히려 흰 해당화에 가깝다. 해당화에 앉아있는 두 마리 청색 새가 사랑을 나누고 있다. 그래서인지 그림 속 새는 해당화에 관심이 없다. 화조화花鳥畵에서 흔히 볼 수 있는 장면이지만, 새의 색깔이 해당화와 아주 절묘하게 어울린다. 그런데 새들이 사랑 놀음에 빠져있다보면 해당화 가시에 찔릴지도 모른다. 해당화는 부모인 장미를 닮아 줄기에 가시가 있다. 장승업이 해당화에 두 마리의 사랑스러운 새를 그린 것은 화조화의 기법 중 하나겠지만 평생 동안 애틋한 사랑을

경험하지 못한 심정을 드러냈는지도 모른다. 장지연이 엮은 《일사유사逸士遺事》를 보면 장승업의 기구한 일생을 엿볼 수 있다.

그는 일찍이 부모를 여의고, 몹시 가난하여서 의탁할 곳이 없었다. 총각 때 유랑하다가 서울에 와서 수표교 부근에 살던 동지同知 이응헌의 집에서 빌어먹었다. 어린 시절 가난 탓에 글을 배우지 못했지만, 총명하여 주인집 아이가 책 읽는 소리를 옆에서 듣기만 했는데도 글을 해득할 수 있었다. 특히 이응헌의 집에는 원과 명 이래의 명인들이 남긴 서화가 많았다. 천재였던 장승업이 이곳 그림을 놓쳤을 리 없었다. 아마도 이때부터 그의 그림 공부가 본격적으로 이루어졌는지 모른다.

그는 붓 잡는 법도 몰랐지만, 어느 날 붓을 잡아 손 가는대로 휘두르니 매화나 난초, 돌이나 대나무, 산수와 금수를 그린 것이 모두 자연스럽게 어우러지는 신들린 솜씨였다. 이 장면을 보고 주인이 크게 놀라 하늘의 도움을 받은 재주라고 하면서 종이와 붓, 먹 등의 여러 도구를 주고 그림 공부에 전력하도록 했다. 오원 장승업은 이런 과정을 거쳐 세상에 이름을 날렸다. 그런데 그가 그림을 그릴 때 반드시 필요한 게 있었다. 바로 술이다. 〈해당청금〉도 술기운을 빌어 그린 것이다.

중국 남송 시대 작자 미상의 〈해당협접도海棠蛺蝶圖〉의 해당화도 흰색이다. 이 그림에서는 꽃만큼이나 잎을 강조하고 있다. 장승업의 그림에 비해 아주 풍성한 느낌을 준다. 그래서 그림의 제목처럼 나비가 함께하고 있다. 나비는 장승업의 그림에 등장하는 새와 달리 한 마리다.

중국 청대의 해강奚岡의 〈해당옥란海棠玉蘭〉은 제목처럼 나무가 난초처럼 아주 날렵하다. 나무의 몸매와 높이로 보면 현실에서는 쉽게 볼 수 없을 만큼 하늘 높이 솟아있다. 그러나 섣불리 단언할 수 없다.

작자 미상, 〈해당협접도海棠蛺蝶圖〉
흰나비 두 마리와 흑갈색나비 한 마리가 해당화 꽃향기에 즐겁게 노닐고 있다.
바람도 해당화 꽃향기에 취해 기대니 해당화가 기울었다.

이 세상에는 아직 내가 보지 못한 나무가 아주 많기 때문이다.

사랑에 울고 웃는 해당화

해당화를 그리는 이유는 화가 수만큼이나 다양할 지도 모른다. 그런데 우리나라와 중국의 사대부는 해당화를 모든 꽃의 기준처럼 생각했다. 해당화를 모든 꽃의 기준으로 생각한 것은 다른 꽃에 대한 엄청난 모독이지만, 시대마다 꽃에 대한 잘못된 인식이 유행했다. 해당화를 모든 꽃의 기준으로 생각한 조선 시대 사대부의 인식도 '문제 있는 유행'이었다. 한번 유행이라는 전염병에 걸리면 너나없이 이성을 잃는다. 조선과 송나라 때 해당화가 유행하자 너나없이 집에 해당화를 심었다. 그렇지 않으면 사대부로 인정받지 못했다. 사대부가 지배했던 송나라에서 해당화의 족보에 해당하는 《해당보海棠譜》가 등장한 것도 결코 우연이 아니다. 이쯤 되면 조선 시대나 남송의 그림에 해당화가 등장하는 것은 지극히 자연스러운 현상이다.

어릴 적 자주 불렀던 이미자의 〈섬마을 선생님〉에 등장하는 해당화를 나는 나무를 공부한 뒤에야 처음 보았다. 섬마을에 살았던 사람들에게는 아주 익숙한 나무지만, 나처럼 농부의 아들로 태어나 내륙에서 자란 사람은 쉽게 볼 수 없는 나무다. 때론 사랑하면서도 사랑하는 사람의 이름을 부를 수 없는 것처럼, 매일 옆에서 보면서도 이름을 부를 수 없는 경우도 있다. 해당화를 매일 보면서도 그 이름을 부르지 못한 사람이 있다. 그 사람은 바로 중국 당나라의 시성詩聖 두보다. 그는 해당화로 유명한 촉나라 땅에 머물면서도 관련 시를 한 편도 남길 수 없었다. 그 이유는 자신의 어머니 이름이 '해당부인'이었기 때문이다. 이는 부모와 임금의 이름을 피하는 전통 때문에 생긴 슬픈 이야기지만, 하나의 존재를 존경하는 마음이기도 하다.

세상에는 좋아하는 것을 마음껏 불러 보지 못하는 사람이 있는가 하면, 팔자 좋게 마음껏 부르고 죽는 사람도 있다. 당 현종은 해당화를 마음껏 불러보고 죽은 사람이다. 그는 사랑하는 애첩 양귀비를 해당화에 비유했다. 얼마나 양귀비가 사랑스러웠으면 많은 사람들이 탐했던 해당화에 비유했을까. 인간을 꽃에 비유하는 것을 나무랄 수는 없다. 다만 꽃에 비유하면서 조심할 것은 '꽃보다 아름답다'는 식의 표현이다. 정말 식물의 꽃을 사랑한다면 '꽃처럼 아름답다'고 표현해야 한다. 그래야 인간이 제대로 대접 받으면서 살아갈 수 있기 때문이다.

해강, 〈해당옥란도海棠玉蘭圖〉
무척 날렵한 해당화 작품이다. 해당화의 키가 크고 날렵한 것은 하늘을 향한 그리움 때문이다.

최선을 다하는 삶은
석류처럼 아름답다

게을러야 터지는 석류

치열하게 사는 자만이 충실한 열매를 얻는다. 그래서 나는 '치열'이라는 단어를 아주 좋아한다. 작열하는 태양을 피하지 않고 온몸으로 견디는 자만이 좋은 결과를 얻는다. 이는 삶의 법칙이다. 석류는 이런 법칙을 잘 알고 있다. 이문재의 시 〈석류는 폭발한다〉도 석류가 살아가는 법칙을 잘 포착한 작품이라서 매우 좋아한다.

> 모름지기 그가 살아있는 시인이라면 최소한 혼자 있을 때만이라도 게을러야 한다 게으르고 게으르고 또 게을러서 마침내 게을러 터져야 한다 익지 않은 석류는 터지지 않는다 석류는 익을 때까지 오로지 중심을 향하는 힘으로 부풀어오른다 앞으로 가는 뒷걸음질, 중심을 향하여 원주 밖으로 튀어나가는 힘 — 게으름이 지름길이다 시인은 석류처럼 익어서 그 석류알들을, 게으름의 익은 알갱이들을 천지사방으로 폭발시켜야 한다 번식시켜야 한다

비켜서서 멈추어 서니 단순해지는 고요
멈추어 서서 돌아서니 단정해지는 몸

    세상에는 치열하게 살지도 않은 자가 많은 열매를 얻기도 한다. 그래서 사람들은 그런 광경에 절망한다. 그러나 생각을 바꾸면 절망에서 쉽게 벗어날 수 있다. 절망은 상대적 박탈감에서 오는 것이 아니라 자신의 삶을 상대와 비교하면서 생긴다. 우리나라 사람들의 행복지수가 경제 수준이 한참 뒤처지는 나라 사람보다 낮은 이유도 바로 자신의 행복을 상대와 비교하는 나쁜 습관과 무관하지 않다. 때로는 상대를 의식하면서 사는 것도 좋지만, 매사에 그런 방식으로 살아간다면 결국 불행한 삶을 살 수밖에 없다.

    내가 나무를 스승으로 삼는 이유는 노력한 만큼 얻는 법을 가르쳐 주기 때문이다. 나무를 만나기 위해서는 누구든 예외 없이 직접 가야만 한다. 물론 다른 곳에서 옮겨와 만날 수도 있다. 그러나 그런 경우는 아주 드물다. 몇 백 년을 살아가는 나무를 만나려면 어른이든 어린이든, 부자든 가난한 사람이든 가야만 한다. 나무는 직접 오지 않는 자에게는 기쁨과 행복을 주지 않는다.

    내가 나무를 스승으로 삼는 또 다른 이유는 무엇보다도 치열하게 살기 때문이다. 그래서 치열하게 사는 자만이 나무를 진정으로 만날 수 있다. 나무처럼 치열하게 산다는 것은 단순히 그저 열심히 사는 것을 의미하지 않는다. 치열하게 산다는 것은 자신의 삶에 절대적인 가치를 두고 살아가는 것을 의미한다. 그런데 자신의 삶에 절대적인 가치를 둔다고 해서 꼭 치열하게 산다고 말하기도 어렵다. 어떤 삶이든 상대를 완전히 배제한 채 영위할 수 없기 때문이다. 그러니 치열하게

신명연, 〈애춘화첩霧春畵帖〉
산자락에 익어가는 석류가 탐스럽다.
서로 마주한 열매가 무척 정겹고,
석류 잎은 마치 꽃을 닮았다.

산다는 것은 한 존재의 삶이 다른 삶과 함께 하는 것을 말한다. 만물은 뿌리를 같이하는 '일체동근一切同根'이다.

석류나뭇과의 석류는 태양이 작열하는 한여름에 도인처럼 오로지 열매에 집중한다. 뜨거운 여름을 온몸으로 살고서야 석류는 열매를 붉게 물들인다. 석류 열매를 열어보면 온통 붉다. 그 붉은 색이 아주 진하기 때문에 껍질로 배어나온다. 껍질까지 붉은 것은 이 나무가 치열하게 산 흔적이다. 더욱이 갈잎 키 작은 석류의 원산지는 사막 지역인 이란으로 알려져있다. 그러나 학명에는 '카르타고'로 표기하고 있다.

요즘 이란산 석류가 우리 시장을 점령하고 있다. 미인을 꿈꾸는 사람들이 석류에 빠져있기 때문이다. 한자 이름인 '석류石榴'는 나라 이름이다. 석류는 한나라 때 장건張騫(?~B.C.114)이 서역의 안석국安石國 혹은 안식국安息國에서 따온 말이다. 그래서 석류를 조선 초기까지 안석류라 불렀다. 이제 '안'자를 빼고 석류로만 부른다.

낳고 또 낳으리라

석류는 열매가 특징이다. 특히 열매는 알맹이가 아주 많다. 석류의 알맹이는 옥수수처럼 윤기가 흘러 입술로 입맞춤하고 싶은 욕망을 자극한다. 고대부터 인간은 열매가 많이 열리고, 열매에 알맹이가 많으면 숭배했다. 농업 사회에서는 '다산多産'이야말로 생존의 법칙이었기 때문이다. 석류를 숭배한 흔적은 아주 많다. 그림에서도 빠지지 않는다.

19세기 작품인 신명연申命衍(1809~?)의 〈애춘화첩靄春畵帖〉에 석류가 등장한다. 이 그림은 석류의 열매보다 잎이 눈에 띈다. 그림에서 잎을 강조한 이유는 아마 잎이 감싸고 있는 열매를 드러내기 위함인 듯하다. 그러나 보통 열매를 감싸고 있는 모습보다 잎이 듬성듬성하다. 잎의 보호를 받고 있는 열매는 농익은 봉선화 열매처럼 손대면 곧 터질 것만 같다. 따먹고 싶은 충동을 억누르기 어렵다. 그러나 욕망이 앞을 가려 무턱대고 손을 내밀면 가지 끝이 변한 가시에 찔릴 테니 상당한 자제력이 필요하다. 벌어진 석류와 짝을 이룬 또 다른 석류는 아직 터지지 않았다. 터지지 않은 석류는 언제 터질지 모르는 수류탄과 같다. 만약 터지지 않은 석류를 따서 던지면 어떻게 될까. 석류가 땅에 떨어지는 순간, 석류 알이 파편처럼 날아가 사람들 가슴에 박힐 것이다. 석류 알이 가슴에 박히는 순간, 가슴이 붉게 물들지도 모를 일.

중국 남송 시대 작자 미상의 〈유지황조도榴枝黃鳥圖〉에 등장하는 황조는 꾀꼬리다. 꾀꼬리는 고구려 유리왕의 〈황조가黃鳥歌〉에서 보듯 사랑을 상징한다.

훨훨 나는 저 꾀꼬리
암수 서로 정다운데

작자 미상,
〈유지황조도榴枝黃鳥圖〉
석류 가지에 앉은 황조를
그렸다. 벌레를 물고 있는
모습이 여유롭다.
큰 열매는 입을 열었지만
작은 열매는 아직
입을 다물고 있다. 작은 열매가
입을 여는 날, 황조는 아마
다른 나뭇가지에서
겨울을 준비하겠지.

외로울사 이내 작은 몸은 뉘와 함께 갈꺼나
훨훨 나는 저 꾀꼬리
암수 서로 정다운데
외로울사 이내 작은 몸은 뉘와 함께 갈꺼나
외로울사 이내 작은 몸은 뉘와 함께 갈꺼나

그림 속 황조는 석류에 관심이 없다. 입에 한 마리 벌레를 물고 있기 때문이다. 자세도 석류 열매와 정반대로 앉아있다. 새는 오로지 입에 물고 있는 벌레에만 집중하고 있다. 벌레는 어디서 잡았을까. 익은 석류 알에 살고 있는 벌레일까. 석류에 앉은 황조는 두 마리가 아니라 한 마리다. 황조는 벌레를 물고 어디로 갈까. 갓 태어난 새끼를 줄까, 아니면 님 오길 기다리는 짝에게 줄까. 가지에 앉은 황조는 석류에 비해 상당히 크다. 그림의 중심이 석류가 아니라 황조이기 때문일 것이다. 석류는 남계우의 작품처럼 하나는 터졌고, 다른 하나는 터지지 않았다. 남송 시대 작자 미상의 그림에는 석류가 익어 벌어졌지만 붉지 않다. 그러나 잎은 이미 일부가 시들만큼 석류는 완숙 단계다. 우리나라와 중국의 석류가 다른 것인지, 아니면 종류가 다른 것인지, 아니면 작가의 마음 때문인지 알 수 없다.

중국 송나라 노종귀魯宗貴의 〈길상다자도吉祥多子圖〉는 제목에서 알 수 있듯이 전형적인 다산 그림이다. 석류 열매는 길조 혹은 길상을 상징한다. 알맹이가 많기 때문이다. 동서양을 막론하고 사람들은 이런 그림을 집안에 두면 자손이 번성한다고 믿었다. 특히 이 그림에 등장하는 석류 알은 중국 남송대의 그림과 달리 아주 붉다. 열매를 강조한 나머지 잎은 들러리처럼 보인다. 그런데 강남의 전당錢塘(지금의 항저우) 출신 노종귀의 석류 그림은 다른 그림과 달리 큰 석류와 함께 작은 열매가 함께 달려있다. 아주 많은 열매는 분명 석류가 아니다. 무슨 열매인지 정확하지 않지만 아마 무환자나뭇과의 여지荔枝(리치)인 듯하다. 여지는 양귀비가 가장 좋아한 열대 과일이지만, 그 탓에 중국 광둥 등 영남 사람들은 여지를 공급하느라 등골이 휘었다. 그래서 송나라 소동파는 《여지탄荔枝嘆》으로 당나라 현종과 양귀비를 비판했다.

가슴 시린 언덕의 석류 한 그루

그림에 등장하는 석류는 값이 얼마일까. 요즘 우리나라에서도 석류 열매가 건강식품으로 각광받으면서 값이 꽤 올랐다. 중국 북위北魏 시대 낙양 백마사白馬寺의 석류는 소 한 마리 값이었다. 일반 농가에서 소 한 마리 갖지 못했던 시절에 석류 한 개가 소 한 마리 값이었다면,

노종귀, 〈길상다자도吉祥多子圖〉
석류와 여지가 다산을 상징한다는 것을 잘 보여주는 작품이다. 따뜻한 곳에서 자라는
두 나무의 조합이 기발하다. 특히 붉은 알맹이 가득한 석류는 보는 이의 허기를 자극한다.

분명 이곳 석류 열매는 황제에게 올리는 진상품이었을 것이다.

   석류 열매가 익어가는 한여름, 붉은 석류꽃과 열매를 보면서 한나라 장건張騫의 열정을 생각한다. 석류는 이름만으로도 중국과 서역의 식물 교류를 상징적으로 보여주는 나무다. 그래서 석류는 인간에게 소통을 요구한다. 소통은 동서와 남북이 동시에 이루어져야 한다. 소통은 물과 같다. 물은 모든 웅덩이를 채운 뒤에야 앞으로 나아간다. 물은 아무리 작은 웅덩이일지라도 소홀하거나 생략하는 법이 없다. 소통은 상대방을 인정할 때만 이루어질 수 있다. 상대방을 인정하지 않으면 진정한 소통은 기대할 수 없다. 그런데 상대방을 인정하려면 자신을 낮춰야만 한다. 오만과 편견을 가지면 결코 상대를 인정할 수 없기 때문이다.

물이 모든 웅덩이를 메운 뒤에야 나아가는 것은 높은 곳에 처하기 위함이 아니라 가장 낮은 곳에 처하려고 하기 때문이다. 바다가 가장 낮은 곳에 위치하는 까닭도 여기에 있다. 인간이든 식물이든 가장 위대한 자는 언제나 가장 낮은 곳에서 살아간다. 가장 낮은 곳에 있을 때만 가장 높은 곳을 우러를 수 있기 때문이다. 한 생명체가 다른 생명체를 우러러볼 때 세상을 아름답게 볼 수 있다.

어린 시절 고향 언덕에 살던 한 그루의 석류는 아주 신맛의 열매를 맺었다. 반면 큰집 마당의 석류 열매는 아주 달았지만, 한 번도 먹어보지 못했다. 큰집의 단 석류는 제사 때나 사용했지만, 나까지 돌아올 게 없었기 때문이다. 신맛을 내던 언덕 위의 석류는 오래 살지 못하고 죽었다. 누군가가 목을 잘랐기 때문이다. 아직도 난 고향에 가면 그곳에 석류 자국이 있는지 확인한다. 송나라 노종귀의 그림에 등장하는 석류는 줄기와 가지도 없이 그저 열매와 잎만 덩그러니 놓여있다. 그림 속 줄기 없는 열매를 보니 잘라나간 고향의 석류가 떠올라 마음이 무척 아리다.

'모란'에 대한 몇 가지 사색

한 송이 모란, 부를 낳으리라

기억은 '무서운' 역사를 만든다. 때로는 한 번 기억한 것을 영원히 잊지 않기 때문이다. 나무에 대한 기억도 마찬가지다. 사람마다 특정 나무를 영원히 잊지 않는다. 이유도 사람마다 다르겠지만 나름대로 사연이 있기 때문이다. 이런 사연이 역사와 문화를 만든다. 모란도 그중 하나다. 사람들이 미나리아재비과의 갈잎 떨기나무인 모란을 좋아하는 이유 중 하나는 이 나무가 '부귀'를 상징하는 역사적 전통 때문이다.

사람들이 중국 서부가 원산지인 모란에 부의 상징성을 부여한 것은 꽃 때문이다. 모란꽃은 아주 풍성하다. 남농南農 허건許楗(1907~1987)의 그림에서도 부귀를 제목으로 삼았다. 그림에 등장하는 '국색부귀國色富貴'는 부귀를 상징하는 나라 안의 첫째 꽃이라는 뜻이다. 그는 참 좋은 미술 집안에서 태어났다. 조선 후기의 저명한 화가 소치小癡 허유許維(1809~1892)가 할아버지이고, 미산米山 허형許瀅(1894~1963)이 아버지

작자 미상, 〈모란도牡丹圖〉
겹겹의 모란꽃이
현실에서 볼 수 없을 만큼 풍성하다.
보랏빛 매혹적인 꽃잎에
숨어있는 수술이 마치
엄마 품안에 안긴 아기 같다.

다. 허유는 추사秋史 김정희金正喜(1786~1856)의 제자였는데, 모란 작품을 많이 남겨 '허모란'이란 별명까지 얻었다.

  바위와 새가 함께하는 그의 모란 그림은 화려하기 그지없다. 그림 속 붉은 꽃은 잎과 새를 완전히 압도한다. 모란의 가지 위에도 한 마리 새가 있다. 바위 위 새는 모란에 올라가고 싶은 자세고, 가지 위의 새는 날아갈 준비를 하는 것 같다. 그러나 화려한 꽃도 언젠가는 지는 법. 꽃이 지면 불가사리 모양의 열매가 맺는다. 열매가 익으면 붉은 꽃처럼 씨앗이 보인다. 작열하는 태양 빛을 품고 익어가는 열매를 상상하노라면 마음이 언제나 풍성해진다.

  모란도 종류가 적지 않다. 붉은 색만 있는 게 아니다. 중국 송나라 구양수歐陽修(1007~1072)가 편찬한 《낙양모란기洛陽牧丹記》에서는 31종의 모란을 소개하고 있다. 남송대의 작자 미상의 그림에 등장하는 모란은 색이 아주 진하다. 남농의 그림에 등장하는 꽃의 색깔과는 확연히 다르다. 남송의 작자 미상의 그림은 유난히 꽃을 강조하고 있다. 꽃잎에 사람도 숨을 수 있을 것만 같다. 외로운 사람이면 모든 것을 잊고 안기고 싶을 만큼 풍성하다. 그림 중 꽃잎을 받들고 있는 잎이 눈길을 끈다. 잎도 꽃잎이 아름다워 가까이 가고 싶은 탓일까.

모란은 꽃 중의 꽃, '화중지왕花中之王'이다. 그러나 이런 칭찬은 다른 나무에 대한 모독이기도 하다. 인간의 편집증偏執症이 이런 모독을 낳는다. 생명에 대한 상대 평가는 슬픈 기억의 역사를 잉태한다. 그래서 지금까지 이런 평가가 사람들 입에 오르내린다. 생명에 대한 상대적 평가를 반성하지 않는 한, 모란에 대한 과찬은 계속될 것이다.

과찬 탓에 모란은 다른 이름도 아주 많다. 그중 '곡우화穀雨花'는 모란이 곡우 즈음에 피기 때문에 붙은 이름이다. 모란의 별칭 중 '낙양화'는 이 나무가 얼마나 도도한지를 알려준다. 중국 최초의 여성 황제 측천무후則天武后는 자신의 무한 권력을 시험하기 위해 정원에 있는 나무들에게 자신이 찾을 새벽에 꽃을 피우라고 명령했다. 다른 나무들은 황제의 명령대로 새벽에 꽃을 피웠다. 그러나 유독 모란만이 황제의 명령을 어기고 꽃을 피우지 않았다. 화가 난 측천무후는 모란을 장안에서 낙양으로 쫓아내버렸다. 그래서 모란을 '낙양화'라 부른다. 중국 당나라 태종은 신라 선덕여왕에게 모란 씨를 보냈다. 태종이 선덕여왕에게 다른 것도 아닌 모란 씨를 보낸 이유는 향기 없는 모란꽃으로 결혼하지 않는 여왕을 놀리기 위해서였다. 이 세상에서 가장 나쁜 사람은 측천과 당 태종처럼 생명을 가지고 장난치는 자다. 권력으로 생명도 좌지우지할 수 있다 여긴다.

꽃향기가 진할 수도 있고, 없을 수도 있다. 물론 향기는 사람의 기호에 따라 좋을 수도 그렇지 않을 수도 있다. 식물은 사람을 위해서가 아니라 자신의 생존을 위해 꽃피우고, 향기도 생존을 위해 짙게 혹은 없게 한다. 이 세상에서 가장 불쌍한 사람은 가난한 이가 아니라, 자

임훈, 〈모란금계도牡丹錦鷄圖〉(부분)
만개한 모란꽃과 복스러운 금계의 조화가 돋보인다. 금계의 붉은 가슴도
아름다운 꽃을 닮았다. 모란의 겹꽃을 바라보는 금계의 눈빛이 매섭지만 따뜻하다.

신의 힘으로 다른 생명을 마음대로 부리는 존재다. 한 존재가 다른 존재의 목숨을 좌우하는 것만큼 불행한 일도 없다. 그래서 이 세상에서 가장 중요한 교육은 생명을 가지고 장난치지 못하게 하는 것이다.

청나라 임훈任薰(1835~1893)의 그림은 허건과 작자 미상의 그림과는 아주 다르다. 임훈의 그림은 꽃 색깔만이 아니라 구도 자체가 다르다. 그의 그림은 꽃을 강조한 게 아니라 닭을 강조한 듯하다. 그가 왜 이런 구도로 모란을 그렸을까. 아마 모란과 닭과의 관계에서 답을 찾을 수 있을지 모른다. 그림 중 닭은 보통 닭이 아니라 비단 닭, 즉 금계錦鷄다.

금계는 배의 색깔과 모습 때문에 부를 상징한다. 화려하고 풍만한 금계가 오히려 모란꽃을 초라하게 만든다. 더욱이 임훈의 그림에 등장하는 모란꽃은 잎에 가려 초라한 느낌마저 준다. 임훈의 그림 재주는 아버지 임웅任熊(1820~?)의 피를 이어받았다. 임훈의 금계를 뚫어지라 쳐다보면 배에서 러시아의 작곡가 림스키코르사코프 Nikolai Rimsky-Korsakov (1844~1904)의 오페라 〈금계〉가 떠오른다. 이 작품에서 금계는 위급한 일이 닥칠 때마다 우는 신령스러운 존재로 그려진다. 금계가 지닌 좋은 기운이 보는 사람에게 힘차게 살아갈 수 있는 에너지를 준다.

모란이 피기까지

모란은 요즘도 각광 받는 나무다. 나무에 관심 있는 사람이면 빠짐없이 모란을 심는다. 중국 당나라 유우석劉禹錫(772~842)은 술을 마시면서 모란을 감상했고 김영랑金永郞(1903~1950)은 모란에서 '찬란한 슬픔'을 맛보았다. 그래서 나는 김영랑의 시를 좋아한다.

> 모란이 피기까지는
> 나는 아직 나의 봄을 기다리고 있을 테요.
> 모란이 뚝뚝 떨어져 버린 날
> 나는 비로소 봄을 여읜 설움에 잠길 테요.
> 오월 어느 날, 그 하루 무덥던 날,
> 떨어져 누운 꽃잎마저 시들어 버리고는
> 천지에 모란은 자취도 없어지고,
> 뻗쳐오르던 내 보람 서운케 무너졌느니,

모란이 지고 말면 그뿐, 내 한 해는 다가고 말아,
삼 백예순 날 하냥 섭섭해 우옵내다.
모란이 피기까지는
나는 아직 기다리고 있을 테요, 찬란한 슬픔의 봄을

김영랑의 시를 좋아하는 이유는 단지 모란을 통해 조국의 아픔을 드러냈기 때문이 아니라 모란의 삶을 맛깔나게 표현했기 때문이다. 모란의 특징을 잘 알아야만 쓸 수 있는 대목이다. 특히 "떨어져 누운 꽃잎마저 시들어 버리고는" 구절에서 모란의 아름다움을 만끽한다. 동백처럼 뚝뚝 떨어진 꽃잎을 보노라면, 바람에 운구運柩되는 진홍빛 꽃잎을 물끄러미 쳐다보노라면, 지난날 짙은 사랑이 환생한 듯하다. 마침내 온 세상을 붉게 물들이고 눈물이 뚝뚝 떨어진다. 떨어진 눈물이 땅에 닿는 순간 정호승의 〈꽃〉이 피어난다.

사람은 꽃을 꺾어도
꽃은 사람을 꺾지 않는다

허건, 〈국색부귀國色富貴〉
부귀를 상징하는 모란 작품이다. 풍성한 모란꽃이 가지 끝에 앉은 새와 바위에 앉은 새가 서로 바라볼 수 없게 만든다. 모란꽃이 새들의 사랑을 방해하고 있는지 모른다.

사람은 꽃을 버려도
꽃은 사람을 버리지 않는다
영정 속으로 사람이 기어들어가
울고 있어도
꽃은 손수건을 꺼내
밤새도록
장례식장 영정의 눈물을 닦아준다

  고향 대문 옆 무궁화와 함께 살고 있는 모란을 보면서 나는 세월의 변화를 읽는다. 고향의 모란 옆에는 숫돌이 있다. 아버지는 이곳에서 낫을 간다. 고향에 가면 나도 가끔 이곳에서 낫을 갈아 풀을 벤다. 어느 날 문득 숫돌에 낫을 갈면서 쳐다보니 모란이 움직이고 있었다. 낫 가는 소리에 모란이 겁을 먹은 것이다. 모란은 낫으로 자신을 벨지도 모른다는 생각에 늘 불안했을 것이다. 그러나 차마 나는 아버지에게 숫돌을 다른 곳에 옮기라는 말씀을 드릴 수 없었다. 옮길만한 곳도 없거니와 아버지가 모란을 베지 않을 것이라는 믿음 때문이다.
  나무는 살아남기 위해 이웃과 다툴지언정 상대를 깔보지는 않는다. 그러나 인간은 상대와 비교하는 '보다'에 더 익숙하다. 신자유주의에 익숙한 요즘 사람들은 무한경쟁을 당연한 것으로 받아들인다. 그러나 남을 짓밟고 살아가는 자는 결코 행복할 수 없다. 모든 사람들이 '보다'보다는 '처럼'으로 살아갈 때 행복할 수 있다. 그래서 모란꽃은 '꽃 중의 꽃'이 아니라 뭇 꽃 가운데 하나일 뿐이다. 이런 생각이 '생태적인 인식'이다. 상대방을 인정할 때 자신도 인정받을 수 있다는 생각이야말로 가장 행복하게 사는 법이다.

살구나무에 이르러 생을 논하라

살구꽃 핀 마을, 술은 익어가고

봄은 생명의 계절이다. 봄에는 햇빛을 받은 뭇 생명체들이 떼 지어 돋는다. 그래서 봄 '춘春'이다. 봄이 봄인 까닭은 형형색색의 '춘색春色' 때문이다. 봄을 알리는 꽃은 무척 많다. 살구꽃도 그중 하나다. 살구꽃은 많은 사람의 춘정春情을 자극하지만, 개를 죽인다는 이름 '살구殺狗'는 조금 무시무시하다. 열매에 독성이 있어서 붙은 이름 살구 외에 또 다른 이름 행杏을 사용하면 이미지가 확 달라진다. 살구꽃은 행화杏花요, 살구씨는 행인杏仁이다. 공자가 제자를 가르친 곳이 행단杏壇이고, 공자가 평생 강조한 사상이 인仁이었다. '행'은 은행나무가 아니다. 그러나 서원과 향교 등 우리나라 유교를 상징하는 공간에는 어김없이 은행나무가 살고 있다. 유교의 시조 공자와 관련한 살구나무가 우리나라에 들어오면서 은행나무로 바뀐 이유는 알 수 없지만, 나는 이러한 현상을 나무의 격의格義라 생각한다. 그런데 은행나무가 우리나라 유교를 상징하는 나무이면서도 회화에는 거의 등장하지 않는다. 나는 아직까지 은행나무가 등장하는 우리 옛 그림을 보지 못했다. 사대부들이 직접 그림을 그렸으면서도 정작 은행나무는 왜 한 그루도 그리지 않았을까. 참 이상한 일이 아닐 수 없다.

청명清明과 한식寒食 철에 부는 봄바람은 사람들을 술집으로 내몬다. 그리고 술집에는 어김없이 살구꽃이 피어있다. 그래서 살구꽃이 피어 있는 마을, 즉 '행화촌'은 술집을 의미한다. 이 말은 두목杜牧(803~852)의 〈청명〉이라는 시에서 유래했다.

청명 날 봄비가 부슬부슬 내리는데
길가는 행인 너무 힘들어
목동을 붙잡고 술집이 어디냐고 물어보았더니
손들어 멀리 살구꽃 핀 마을을 가리키네

찾아간 술집에서 혼자 술을 마시다 혹 비라도 내려 꽃이 떨어지면 세상에서 가장 행복한 날을 맞는 것 같다. 누구나 이런 날을 꿈꾸지만 어려워 보인다. 그러나 마음만 먹으면 매년 가능하다. 옛날에는 주로 촌에서만 볼 수 있었던 살구나무를 이제는 도심에서도 쉽게 볼 수 있기 때문이다. 살구꽃 필 때 친구들과 간단히 술 한잔하는 것은 한 그루의 나무가 어떻게 사는지에 관심을 갖고 있는 사람에게는 그다지 어렵지 않은 일이다.

중국 당나라의 수도 장안長安의 명승지 곡강曲江 주변에는 살구나무 동산인 '행원杏園'이 있다. 당나라 정부는 과거 시험에 합격한 자들을 이곳에 데리고 가서 축하연을 베풀어주었다. 이곳에 모인 합격생

심사정, 〈연비문행燕飛聞杏〉
봄날, 강남서 날아온 제비가 살구꽃 소식에 즐거워하는 모습이 생기발랄하다. 서로 닮은 제비의 날개와 꼬리가 물 찬 제비를, 연한 보랏빛 살구꽃은 낭랑 18세의 풋풋한 사랑을 연상시킨다.

들은 그동안 겪었던 아픔과 슬픔을 술 한 잔으로 말끔히 씻을 수 있었다. 그래서 살구나무를 과거 시험에 급제한 꽃을 의미하는 '급제화及第花'라 불렀다.

살구를 사랑한 제비

봄에는 중국 양쯔강 남쪽, 강남에 살던 제비도 날아온다. 살구꽃은 중국 양쯔강 하류에 살던 제비가 돌아올 때까지 지지 않는다. 만약 제비가 도착하기 전 살구꽃이 모두 떨어진다면 제비는 살맛을 잃을지도 모른다. 강남 제비가 우리나라에 돌아오는 이유 가운데 하나는 아름다운 살구꽃을 만나기 위해서다. 이런 모습을 조선 중기의 대표 화가 현재玄齋 심사정의 〈연비문행燕飛聞杏〉에서 감상할 수 있다. 그런데 심사정의 그림에 등장하는 살구꽃은 보라색이다. 나는 아직 보라색 살구꽃을 본 적 없다. 장미과에 속하는 살구나무 종류도 많지만, 화가의 눈에는 수천수만의 살구꽃이 보이는 법. 그림 속 살구나무 가지도 날렵하지만, 낙하 중 고개를 돌려 살구꽃을 쳐다보는 제비의 몸짓이 한층 더 날렵하다. 과연 물 찬 제비 같다. 이 작품의 또 다른 특징은 꽃을 유난히 강조하고 있다는 점이다. 실제 살구꽃은 잎보다 먼저 피기 때문에 그림처럼 잎이 나온 상태에서 활짝 피어있는 경우는 드물다. 그런데도 꽃과 잎을 동시에 그린 것은 꽃을 강조하기 위한 의도가 아닐까. 더욱이 제비를 등장시키려면 꽃은 필수다. 만약 꽃이 없다면 제비는 결코 살구나무 곁에 오지 않을 것이기 때문이다.

흔히 만나는 살구꽃은 중국 송나라 작자 미상의 〈행화杏花〉에서처럼 옥색에 가까운 흰색이다. 장미과의 살구꽃은 꽃잎이 다섯 장이다. 현재 심사정의 그림에 등장하는 살구꽃은 잎이 다섯 장인지 분명치 않지만, 송나라 작자 미상의 그림에 등장하는 살구꽃은 선명하게 다섯 장이다. 꽃받침도 아주 선명하다. 그림의 살구나무 가지는 아주 곱게 나이 먹은 중년부인처럼 높은 품격을 느낄 수 있다. 쭉 뻗은 가지에 하늘로 치솟은 또 다른 곁가지가 살구나무의 에너지를 웅변하고 있다. 더욱이 가지 끝자락에 풍만한 꽃이 아주 매혹적이다. 작자 미상의 이러한 화법은 분명한 윤곽선과 풍부한 색채가 특징인 오대五代 황전黃筌(?~965)의 화풍을 이어받은 것이다. 심사정의 그림에 등장하는 살구꽃 속은 '사랑의 흔적'처럼 붉지만, 작자 미상의 그림에 등장하는 살구꽃은 속이 붉지 않다. 작자 미상의 살구꽃 작품은 꽃이 마치 옥색

작자 미상, 〈행화杏花〉
살구꽃이 마치 얼음 구슬 같다. 살구꽃이 잎보다 꽃이 먼저 핀다는 것을
잘 보여주는 작품이기도 하다. 투박한 가지와 투명한 꽃이 무척 대조적이다.

의 포도송이 같아서 식욕을 강하게 자극한다. 살구나무의 가지는 그림처럼 윤기 흐르는 꽃잎과 달리 다소 거칠다. 그래서 살구꽃이 한층 돋보인다.

중국 청나라 초 석도石濤(1642~1707)의 〈홍행화紅杏花〉에 등장하는 살구꽃은 붉은색과 옥색이 혼재한다. 꽃이 담백하면서도 묵의 농도 변화가 멋스럽다. 같은 나무에 다른 색깔의 꽃이 피어있는 아주 독특

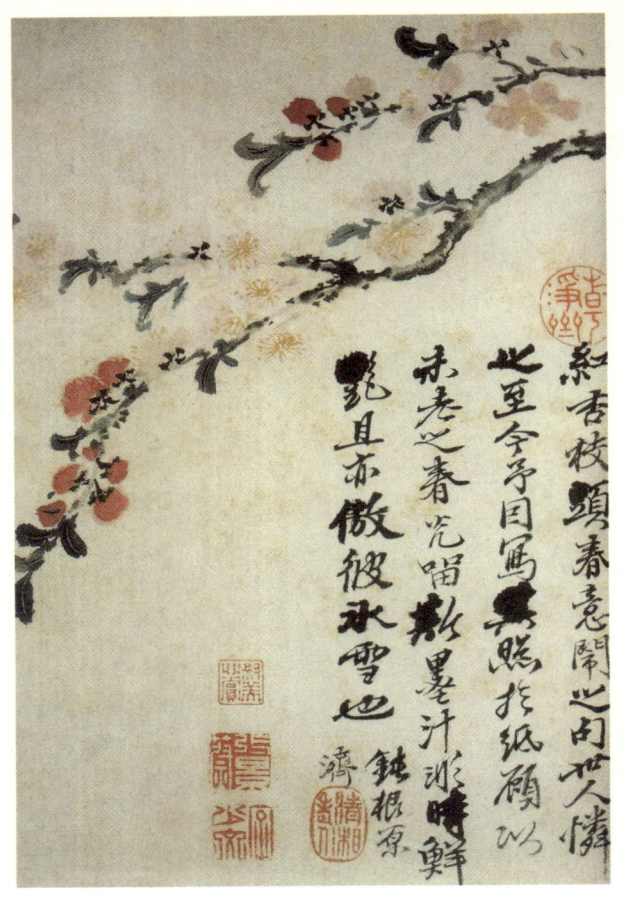

석도, 〈홍행화紅杏花〉
제목은 붉은 살구꽃이지만,
흰 살구꽃도 적지 않다.
쭉 뻗은 가지가 마음껏 햇볕을 받아
튼실한 열매를 맺을 듯하다.
드문드문 달린 잎은 머지않아
열매가 열린다는 신호다.

한 그림이다. 이처럼 제목과 달리 붉은 색과 옥색이 혼재하는 것은 이 그림이 사의寫意수법을 사용했기 때문이다. 작품에 작가의 뜻을 담았기 때문에 꽃 색깔은 얼마든지 바뀔 수 있다. 석도는 이 그림에서 무엇을 드러내고 싶었을까. 스님이었으니 '제법무상諸法無常'을 드러내고 싶었을까. 아니면 마음에 담아둔 사랑하는 연인을 못 잊어 번뇌하는 마음을 드러내고 싶었을까. 중국 명나라 화가 당인唐寅(1470~1523)도 〈관행도觀杏圖〉, 〈행화도杏花圖〉를 남겼다.

살구나무를 사랑한 의사

살구꽃은 바라만 봐도 행복하다. 생명을 사랑하는 사람이라면 어떤 꽃을 본들 행복하지 않겠냐마는, 살구나무는 의사 동봉董奉에 관한 이야기가 전하기에 더욱 각별하다. 동봉은 환자 치료한 후 치료비 대신 살구나무를 심게 했다. 환자들이 심은 살구나무가 숲을 이룬 게 행림杏林이다. 그래서 행림은 '의사'를 아름답게 부르는 이름이다. 그래서 살구나무를 본다는 것은 단순히 한 그루의 나무를 보는 게 아니라 '아름다운 행위'를 닮기 위한 깨달음의 발로다. 옛사람들이 살구나무에 신비한 힘이 있다고 믿었던 것도 살구나무가 인간에게 끼친 영향 때문이다. 그래서 사람들은 산길을 갈 때 살구나무 지팡이나 살구나무 목탁을 들고 다니면 맹수가 덤비지 않는다고 믿었다. 성경에도 아론의 살구나무 지팡이가 등장하는 것을 보면 살구나무의 역사적인 위력을 실감할 수 있다.

나는 살구꽃이 피면 학생들을 데리고 교실을 나서 야외수업을 한다. 수업 중이라 술은 마실 수 없지만 살구꽃을 노래한 시를 함께 읊으면서 행복한 한때를 보낸다. 비오는 날이면 우산을 받쳐들고 학생들과 살구나무 밑에서 공자의 사상을 얘기한다. 이런 공부 방법이 성리학자들이 즐겼던 '격물치지格物致知'다. 살구나무에 이르러 앎을 구하는 방법이야말로 생태적인 공부법이다. 그러나 한국의 교육은 여전히 교실에서만 이루어지는 '반생태적인' 공부법에 의존하고 있다. 안과 밖을 구분하지 않는 공부법이 자리 잡는 날, 우리 교육은 제자리를 찾을 것이다.

쓸쓸해서 좋고,
단출해서
아름답다

단풍, 나를 태워 해탈로 향하다
공과 색의 인연으로 사는 구도자
파초가 가르쳐준 존재의 본질
벼랑 끝에 선 소나무의 기상
소처럼 우직한 사람이 그립다
섣달 초순, 분매에 물을 주어라
사라진 버드나무에 대한 오해

단풍, 나를 태워
해탈로 향하다

잎을 버려라, 그래야 해탈이다.
해탈은 깨달음이다. 뭔가를 깨닫지 않고서는 해탈할 수 없기 때문이다. 해탈은 죽임이다. 뭔가를 죽이지 않고서는 해탈할 수 없기 때문이다. 단풍은 해탈이다. 죽음으로 인간에게 행복을 주기 때문이다.

가을 산을 '만산홍엽滿山紅葉'이라 부른다. 만산홍엽은 온 산이 붉은 잎으로 가득 찼다는 뜻이다. 이 같은 말은 가을을 '단풍丹楓'의 계절로 여기기 때문이다. 그러나 가을 단풍은 여러 나무 중 하나, 붉은색은 여럿 가운데 하나에 지나지 않는다. 그런데도 가을 단풍이라 부르는 이유는 형형색색의 색깔 중 단풍나무의 단풍을 으뜸으로 생각하기 때문일지 모른다. 나뭇잎을 조금만 관찰하면 은행나무와 튤립나무는 노랗게, 느티나무는 갈색 혹은 노란색으로 물든다는 것을 쉽게 알 수 있다. 기온이 떨어지면 나뭇잎의 당糖 용액이 끈적끈적해져서 뿌리까지 내려가지 못하고 잎에 남아 붉은 색소인 안토시아닌Anthocyanin과

황색 계통의 카로틴Carotene 혹은 크산토필Xanthophyll로 변한다. 비가 적당히 오고 일교차가 클수록 아름다운 색이 난다. 특히 단풍나무 잎은 비단처럼 아름답다. 그래서 단풍나무의 물든 모습을 '풍금楓錦', 즉 '단풍잎의 비단'이라 부른다. 그래서 가을철 한반도는 금수강산錦繡江山이다.

고종高宗(1852~1919)의 초상화를 그린 화가, 안중식安中植(1861~1919)과 쌍벽을 이룬 한말의 화가 조석진 趙錫晉(1853~1920)의 〈추경산수도〉에서도 가을 단풍의 전형적인 모습을 볼 수 있다. 깊은 산이 온통 단풍으로 가득하다. 단풍나뭇과도 단풍나무, 고로쇠나무, 홍단풍, 세열단풍, 은단풍, 설탕단풍, 중국단풍, 복자기, 신나무 등 종류가 아주 많아 어느 단풍나무인지 알 수는 없지만, 그저 짐작만으로도 족하다. 그림 속 단풍은 바위틈에 살고 있어 더욱 도드라진다. 바위틈에 사는 단풍나무를 실제로 가까이에서 보면 뿌리가 밖

조석진, 〈추경산수도秋景山水圖〉
산이 온통 단풍으로 차려입었다.
한마디로 만산홍엽이다. 나무가 내려놓은 물에서 안개가 피어오르는 모습이 장관이다.
단풍잎 떨어지면 물안개도 사라질 것이다.

단풍, 나를 태워 해탈로 향하다 137

으로 나와있는 경우가 많다. 산에 오르면 단풍나무처럼 살고 있는 나무를 쉽게 만날 수 있다. 나는 이런 나무의 모습을 볼 때마다 발걸음을 멈추고 나무의 뿌리가 어떻게 몸을 지탱하고 있는지 살핀다. 험난한 상황에서도 굳건히 살아가는 모습이야말로 나의 스승이기 때문이다.

단풍과 물안개에 덮인 초막은 누군가가 이곳에서 해탈을 꿈꾸고 있음을 암시한다. 그림 속 단풍 장면은 우아하면서도 신비롭지만 가는 길이 험해서 결코 쉽게 감상할 수 없다. 가을철인데도 단풍나무 사이로 흐르는 물이 적지 않은 것을 보면, 아주 깊은 산중임을 알 수 있다. 이런 분위기는 중국 시인 두목의 〈산행山行〉을 연상시킨다.

멀리 쓸쓸한 산길 오르니 자갈길 경사져 이어있고
흰 구름 일어나는 곳에 아련히 인가가 있다
수레 멈추고 황혼의 단풍 숲을 멍하게 바라보니
물든 잎은 봄철 꽃보다 붉구나

단풍이 봄철 꽃보다 붉다는 이야기는 단풍에 취한 탓이지 반드시 그렇지는 않을 터. 하지만 단풍잎은 계곡물에 떨어지는 순간, 계곡을 붉게 물들인다. 그림 속 계곡이 '홍류동紅流洞'으로 변한다. 뒷산 단풍마저 떨어지면 아마 계곡은 단풍잎으로 물이 막혀 옆으로 넘칠지도 모른다. 만약 단풍잎이 모두 바다로 흘러 내려가면 바다도 붉게 물들지 모른다. 그림의 단풍나무에는 열매가 보이지 않지만, 단풍이라는 이름은 잎보다 열매 때문에 붙인 것이다. 단풍나무의 열매는 마치 프로펠러처럼 생겼다. 바람에 잘 날아가게 해 후손을 널리 퍼뜨리기 위한 단풍나무의 전략이다. 그래서 잎과 함께 열매도 함께 떨어진다. 잎과 함께 떨어진 단풍 열매는 추운 겨울에 땅속에서 살아남기 위해 안간힘을 쓴다. 그게 바로 단풍잎과 열매가 떨어지는 이유고, 곧 해탈이다. 그래서 해탈은 죽음이 아니라 치열한 삶이다.

외로워야 단풍이지

가을은 끝이 아니다. 이 세상에 끝은 없다. 끝이 없으면 시작도 없는 법. 시작과 끝이 없으면 시작이 끝이고 끝이 시작이다. 가을에는 단풍만 있는 게 아니다. 단풍이 있어야 가을은 아니다. 잎이 있어야 가을도 아니다. 잎이 없어도, 단풍이 없어도 가을이다. 잎도 없고 단풍도 없다면 곧 시작이다. 잎이 떨어지는 순간, 나무는 새로운 잎을 만들 준비를 하기 때문이다. 중국 원나라 어느 화가의 〈임정추색도林亭秋色圖〉는 조석진의 그림과는 전혀 다른 분위기의 가을이다. 쓸쓸해서 좋다. 단출해서 아름답다. 멀리 산줄기에 듬성듬성 겨울을 준비하는 나무도 쓸쓸하다. 아마 저렇게 외로워야 해탈할 수 있으리라. 외롭지 않고서는 깨달음이 없을 터.

숲은 정자다. 숲 자체가 건물이다. 세상에서 가장 아름다운 건물이다. 그래서 숲에서 많은 생명체가 살아간다. 추운 날씨 탓인지 산수화에 흔히 등장하는 배 한 척이 보이지 않는다. 배가 없으니 사람도 보이지 않는다. 화면 오른쪽에 잎 하나 없는 나무를 보니 가을이 꽤나 깊어 배를 타고 놀 수 있는 상황이 아니다. 어쩌면 살얼음이 얼었을지도 모른다. 그러나 차가운 물에도 오리 등 날짐승이 살고, 물속에는 고기가 산다. 숲은 물을 낳고, 물은 고기를 낳는다.

중국 오대五代의 거연巨然(?~?)을 모방한 중국 원나라 어느 화가의

작자 미상, 〈임정추색도林亭秋色圖〉(부분)
잎 떨어진 강가의 나무들이 가을 분위기를 돋운다. 아득히 보이는 산과 강물이 시간이 멈춘 듯 고요하다.

〈추산도秋山圖〉는 나무가 많아서, 잎이 많아서 쓸쓸하다. 칼로 벤 것 같은 폭포 역시 깊은 산이라는 것을 금방 알게 해준다. 특히 폭포의 물살은 사정없이 직하한다. 위에서 내려온 물은 아래에서 포말을 만들어 잠시 쉬다가 계곡으로 내려간다. 이곳 어디엔가 단풍잎이 떠내려갈 것이다. 그림 앞쪽 나무 한 그루는 갈증이 났는지 몸을 물쪽으로 기대고 있다. 그림 속 나무들은 언덕과 계곡을 호령하는 듯 저마다 힘이 넘친다. 폭포 건너편 길이 무척 아름답다. 폭포를 가장 가까운 곳에서 볼 수 있는 장소다. 길은 폭포를 볼 수 있을 만큼만 그렸다. 그만큼 그림에서 폭포가 차지하는 비중이 크다는 것을 의미한다. 만약 바위 너머까지 길을 보여줬더라면 이 그림은 보는 사람의 상상력을 고갈시켰을 것이다.

옛날에는 중국의 왕들이 단풍나무를 아주 좋아했다. 특히 한나라 때는 왕이 거처하는 곳, 즉 신宸에 단풍나무를 심었다. 그래서 왕이 사는 곳을 '풍신楓宸'이라 부른다. 궁궐의 단풍나무는 주로 섬돌에 심었기에 궁궐을 '풍폐楓陛'라 했다. 가을이면 우리나라의 궁궐에서도 단풍을 즐길 수 있다. 지배층만 즐겼던 궁궐의 단풍을 이제 시민 모두가 즐길 수 있으니 얼마나 행복한 일인가. 즐거움이든 이익이든 독점하면 자멸이다. 누구든 스스로 살아남기 위해서라도 남과 더불어 살아야 한다. 이런 삶의 방식이 공자가 말한 '인仁'이다. 선공후사先公後私의 삶이 '인'이다. 공적인 일을 먼저하고, 사적인 것을 뒤로하는 것이 결국 자신을 위한 것이다. 남을 일으켜세워야 내가 설 수 있다는 공자의 말씀이 단풍처럼 내 마음을 물들인다.

요즘은 도심에서도 단풍나무를 흔히 볼 수 있다. 산에 살던 단풍이 바람을 타고 도심에 똬리를 틀었기 때문이다. 단풍나무가 바람을 타고 도심으로 내려온 것은 이 나무의 한자가 그런 뜻을 지니고 있기 때문이다. 단풍나무가 바람 타고 도심에 온 것은 오랜 수행을 끝내고 인간에게 깨달음을 전하기 위해서이기도 하지만, 오랜 수행 기간 동안 사람이 그리웠을지도.

작심하고 도심에 내려온 단풍나무가 얼마나 견딜 수 있을지 걱정이다. 사람은 '사랑'이라는 이름으로 단풍나무를 이곳저곳 심고 있지만, 여전히 생명체로 보는 데는 인색하다. 그저 가을에 잠깐 보는 게 고작이다. 최소한 떨어진 잎을 주워 책 속에 넣어 사랑하는 사람에게 주기

작자 미상, 〈추산도秋山圖〉(부분)
가을 산의 폭포가 힘차다. 겨울을 준비하는 나무들의 모습이 다소 애처롭지만,
다음 해 봄이면 한층 성장할 나무를 상상하면 오히려 즐겁다.

라도 한다면 괜찮다. 한 일본인은 사람들에게 늘 단풍을 보여주려고 사시사철 붉은 단풍나무를 만들기도 했다. 최근에는 이런 '못된 짓'을 경쟁하고 있는 느낌이다. 돈벌이는 좋을지 모르지만 나무에 대한 예의, 인간에 대한 예의, 생명체에 대한 예의는 더더욱 아니다. 기다림 없는 사랑은 오래 가지 않는다. 단풍을 보기 위한 기다림이야말로, 사랑이다. 인간이 단풍나무가 선사하는 깊은 사랑을 잊고, 찰나의 사랑을 추구하면 결국 사랑을 잃어버릴 것이다. 나무를 사랑이 아니라 경제의 대상으로 바라보면 결국 인간은 나무와 멀어져 살아남을 수 없게 된다.

  단풍이 도심에서 다시 바람을 타고 산으로 들어가는 날, 지구에서 인간도 사라질 것이다. 사람들이 도심에서 단풍나무와 함께 사는 날, 도심의 단풍나무에서 행복을 만끽하는 날, 주말마다 차를 타고 떠나지 않아도 되는 날, 나는 그런 날을 꿈꾼다.

공과 색의 인연으로
사는 구도자

외로워야 홀로 설 수 있는 나무

가을과 겨울 사이 참 쓸쓸하고 외로워서 행복한 계절이다. 행복은 외로움과 쓸쓸함을 견디지 못하면 세상에서 살아남을 수 없는 혹독함의 다른 말이다. 모든 생명체는 쓸쓸함과 외로움을 견뎌내고 행복할 줄 알아야 한다. 갈잎나무는 잎을 떨어뜨리고 쓸쓸하고 외롭게 긴 겨울을 보낸다. 모든 잎을 떨어뜨린 나목裸木은 잃어야 홀로 설 수 있음을 웅변한다. 나목은 고목枯木이 아니다. 잎을 떨어뜨린 나무야말로 이 세상에서 가장 당당한 모습이다. 모든 것을 보여줘도 전혀 두려워하거나 부끄러워하지 않는다. 화가 박수근을 모델로 나목의 삶을 그린 박완서의 《나목》에서도 잘 드러난다. 나목은 어려운 한 시기를 극복하는 상징이다.

'고孤'는 외로움이다. 어버이를 잃은 어린 자식의 애처로운 모습이다. 그런데 인간을 비롯한 동물도 부모를 잃어야 비로소 홀로 설 수 있다. 부모를 잃지 않고서는 당당하게 이 세상을 살아갈 수 없다. 그러나 외롭고 쓸쓸함을 아는 고아라야 부모를 생각하면서 자신의 자식을 제대로 키울 수 있다. 쓸쓸함은 '소蕭'다. 쓸쓸함은 나뭇잎이 떨어지는 소리, 즉 '소소蕭蕭'다. 그러니 나무는 잎을 떨어뜨리는 게 아니라 쓸쓸함을 내보내는 것이다. 그러나 나무는 쓸쓸함을 내보내고 외롭게 서있다. 나무가 외롭게 서있는 것, 온전히 외롭지 않고서는 추운 겨울을 견딜 수 없기 때문이다. 성긴 자세로 서지 않으면 결코 꽉 찬 자신을 만들 수 없다. 갈잎나무는 가을에 잎을 떨어뜨리고 여름에 가득 채운다. 추운 계절에는 버리고 더운 여름에 치장한다. 겨울에 옷을 겹으로 입고, 여름에 얇은 옷을 입는 사람과 다르게 산다. 겨울에 옷을 두껍게 걸치고 살아가는 사람은 결코 잎을 떨어뜨린 겨울나무에 기대지 않는다. 사람은 자신이 옷을 많이 입고 있으면 옷을 벗은 나무에 다가가지 않는다. 하지만 옷을 벗어던져도 더위를 피하지 못할 경우에는 옷을 입은 나무에 다가간다. 두꺼운 옷을 입은 사람이 겨울에 잎을 떨어뜨린 나무를 한 번 안아준다면, 나무가 얼마나 추울지 한 번만 생각한다면, 외로움과 쓸쓸함의 의미를 깊이 새길 수 있을 것이다.

갈잎나무는 '공空'과 같다. 그러나 아무것도 없는 게 아니다. 그 속에는 '실實'이 잉태되어있다. 마찬가지로 실 속에도 이미 공이 존재한다. 나무는 공과 실의 변증법으로, 공과 색의 인연으로 살아가는 존재다. 한 그루의 나무는 구도자 그 자체다.

고수들의 외로움

높은 이상을 가진 고고孤高한 고사高士도 외롭다. 성긴 나무에 밝은 달

김홍도,
〈소림명월도疎林明月圖〉

잎 떨어진 나무 사이로
비치는 보름달이
매혹적이다. 가을이나
겨울에만 느낄 수 있는
달의 풍경.
때론 비어있어야
본질을 볼 수 있다.

을 의미하는 단원檀園 김홍도金弘道(1745~?)의 〈소림명월도疎林明月圖〉도 외로운 장면이다. 나무도 차고 달도 차갑다. 이 작품은 김홍도의 또 다른 호인 고면거사高眠居士의 꿈을 드러낸 듯하다. 그림 속 나무 모습이 정말 자유롭다. 이는 외로운 자의 특권인지도 모른다. 보름달이 나무를 비치는 것이 아니라 보름달이 나무에 안긴 듯하다. 차가운 달이 나무에 안겼으니 나무는 얼마나 외로울까. 이 그림은 언뜻 속세와 떨어진 듯 보이지만, 속세에 존재하는 장면이다. 겨울 산행을 즐기는 사람들은 이 기간 동안 속세와 떨어진 듯 살아가는 갈잎나무를 만날 수 있다. 외로운 자와 외로운 자가 만나니 더욱 외롭다. 외로울 대로 외로워야 외로움을 안다.

보름달에 비친 나무의 농도가 실루엣을 걸친 여인의 아름다운 몸매 같다. 같은 종류의 나무가 달빛의 강약에 따라 달리 보이는 모습은 짠

물 먹고 물 쓰이듯 감상자를 끌어당긴다. 강물의 수초도 달빛에 목욕하고 있는 듯 수줍다. 나무 뒤로 보이는 화면은 달빛이 아니라 안개처럼 매혹적이다.

바르고 훌륭한, 풍류를 아는 아사雅士도 외롭기는 마찬가지다. 중국 오대五代의 동원董源(907?~962)의 〈계안도溪岸圖〉는 유인幽人·아사가 계곡의 풍경을 감상하는 장면이다. 정자의 다리가 물에 잠긴 데서 알 수 있듯 이들이 거하고 있는 곳은 아주 깊은 계곡이다. 계곡이 깊으면 산이 높은 법. 인적 드문 이곳까지 온 사람도 외롭다. 팔작지붕 정자 옆에 나무가 있어 덜 외로울지 모르겠다. 어쩌면 혼자가 아니라 벗과 함께라 덜 외로울지도. 그러나 사람이 많다고 외로움이 가시는 것은 아니다. 혼자 있다고 외로운 것도 아니다. 이 장면을 그린 북원北苑 동원은 이성李誠, 범관范寬과 더불어 중국 산수화의 길을 연 사람이다.

정자에 앉아 물을 바라보는 남자는 무슨 생각을 할까. 지자智者라서 물을 바라보는 것일까. 정자에 앉아있다고 해서 결코 마음이 편치는 않을 것이다. 공자의 지적대로 편안하길 생각하면 선비가 아니다. 진정 풍류를 아는 선비는 한가하게 놀이만 즐기지 않는다. 만약 정자의 주인공이 물을 바라보면서 휴식만 즐긴다면 선비라 부를 수 없다. 주인공이 선비라면 정자에 앉아서 가정사뿐 아니라 세상일을 걱정할 것이다. 그래야 진정한 선비다. 정자에 앉은 사람이 선비라면, 휴식도 다른 사람들이 휴식한 뒤에 해야 한다.

기교가 뛰어났던 원대元代 성무盛懋(?~?)의 〈추림고사도秋林高士圖〉에는 산세山勢에 압도당한 나무가 다소 외롭다. 고극공高克恭과 방종의方從義 등의 운법雲法보다 훨씬 정밀한 이 작품에 등장하는 갈잎나무와 늘푸른나무, 그리고 잎 떨어진 풀들이 가을의 정취에 빠져들게 한다.

성무, 〈추림고사도 秋林高士圖〉

가을 강가의 우뚝 선 바위산이
속세를 떠난 선비를 닮았다.
동떨어진 곳에서 자라는
나무들도 위태롭지만,
자신을 바로잡을 때
위태로움에서 벗어날 수 있다.

나무 사이에서 우뚝 솟은 산을 바라보니 바위에 살고 있는 나무들이 겨울 준비에 한창이다. 산과 나무 사이에 운무는 마치 신선이 사는 곳으로 가는 길처럼 환상적이다. 늘푸른나무의 뿌리를 보니 땅 밖으로 나와 흰색을 띠고 있다. 이 나무는 겨울을 어떻게 견딜까. 그러나 뿌리를 밖으로 드러냈다고 측은하게 생각할 필요는 없다. 나무는 어떤 어려움에도 대응할 수 있도록 철두철미하게 준비하기 때문이다.

고사는 덕 높은 선비를 일컫는다. 덕 높은 선비는 인의예지仁義禮智를 갖춘 사람이다. 그중 인이 으뜸이다. 인은 자신보다 먼저 남을 생각하는 행위다. 자신보다 남을 먼저 생각해야 자신이 진정으로 살 수 있음을 의미한다. 공자의 말이다. 이런 삶은 외로울 수밖에 없다. 그래서 고사도 언제나 갈잎나무처럼 외롭다. 그리고 고사는 혼자서 길을 찾아가는 사람이다. 웅장하고 생기 넘치는 산을 바라보면서 외롭게 뚜벅뚜벅 산길을 오르는 사람이다. 성무의 그림 중에는 외로운 모습을 마음껏 드러낸 〈한림寒林〉도 있다.

한 폭의 산수화는 우주의 법칙을 담고 있다. 산이 끝나는 곳에 길이 있고, 길이 끝나는 곳에 물이 있다. 산길과 물길은 인생길이다. 그런데 산길은 누구나 걷는 길이 아니다. 힘들게 산에 오른 자만이 누릴 수 있는 작은 즐거움이다. 산길은 좁아서 외롭고, 혼자 걸어야 할 때가 많아 호젓하다. 또 비포장이라 더디다. 그래서 사람들은 산길보다 포장된 길을 선호한다. 그러나 나는 포장길도 불편하다. 많은 사람이 다니는 포장길은 무릎과 마음이 아프다. 내게는 산길, 샛길이 익숙하고 행복하다.

동원, 〈계안도溪岸圖〉(부분)
계곡 언덕에 자라 잡은 정자 안의 사람들이 물을 바라보면서 세상의 이치를 되새긴다.
정자는 선비들의 풍류 공간이지만, 사색의 시간을 제공한다.

나무는 길이다

나무는 그 자체로 길이다. 수십, 수백 년 동안 한곳에 머물면서도 길을 만드는 게 나무다. 나무는 억지로 길을 만들지 않는다. 미련스럽게 한곳에 머물러있는 내공이 곧 길이 된다. 이곳저곳에서 찾는다고 길을 찾을 수 있는 건 아니다. 나무처럼 자신의 자리가 곧 길이라는 것만 깨달으면 길이 보인다.

가다보면 어딘가 서있는 나무가 길 잃은 양을 안내한다. 고향 뒷산 돌배나무는 동네 아이들의 희망이었다. 작은 웅덩이를 지나 좁은 길로 소를 몰고 올라가서 풀을 뜯기고 우리는 돌배나무에 올라 열매를 따먹고 놀았다. 지금 봐서는 그다지 넓지 않지만, 당시 내가 아는 가장 너른 들판과 높은 화왕산을 나무 위에서 바라보았다. 들판 옆에는 물계천이 보이고, 화왕산 옆으로 밀양 가는 길이 보였다. 해가 서쪽으로 기울면 붉은 하늘에 비친 산들이 아련히 눈에 들어왔다. 나는 나무 위에서 저 산 너머에는 무엇이 있을까, 어떤 사람이 살까, 언제 한 번 가볼까 수없이 생각했다. 지금도 산에 오르면 어린 시절을 떠올리면서 같은 생각을 한다. 아직도 내가 가야 할 길이 있기 때문이다. 다만 아쉬운 것은 이제는 나무 위에 올라서서 산을 볼 기회가 거의 없다는 점이다. 일본의 아누이족이 들메나무 위에서 길을 찾듯, 고대인들도 나무 위에서 길을 찾았다. 수상樹上 생활을 했기 때문이다.

요즘 아이들은 더 이상 나무 위에서 길을 찾지 않는다. 나무 위에서 길을 찾았던 사람들은 나무와 한 몸이었지만, 이제는 나무 위에서 길을 찾지 않으니 나무와 친할 기회가 거의 없다. 친하다는 뜻을 가진 한자 '친親'은 나무 위에 서서 본다는 뜻이니, 나무와 더불어 산다는 깊은 철학을 담고 있다.

파초가 가르쳐준
존재의 본질

파초, 나무로 태어나다

모든 생명체는 태어나면서 온전한 존재다. 그러나 스스로 부족함을 자각할 때 비로소 온전한 존재로 살 수 있다. 모든 생명체는 스스로 부족한 것을 채우면서 살아간다. 어떤 존재든 태어나면서 절대적인 가치를 지니고 있지만 혼자서는 살아갈 수 없다. 반드시 다른 존재에 기대어 살아야 한다. 나무가 풍부한 곳에 사는 사람은 대부분 나무로 필요한 것을 만들지만, 나무가 부족한 곳에 사는 사람은 다른 존재에 기대야 한다.

 나무가 풍부하지 않았던 중국의 강남 사람들에게 파초芭蕉는 매우 긴요했다. 이곳 사람들은 파초의 큰 잎으로 식기食器를 만들어썼다. 아울러 파초 잎에 글을 쓴 당나라 스님 회소懷素에 관한 얘기는 후세 사람들이 이 식물을 사랑하도록 만드는 데 크게 기여했다. 당나라 단성식段成式(?~863)의 《유양잡조酉陽雜俎》와 송나라 도곡陶穀의 《청이록淸異錄》을 살펴보면, 회소는 후난 성 영릉零陵에 살면서 수만 그루의 파초를 키운 것으로 전해진다. 종이 살 돈이 없어서 파초 잎에 좋아하던 글씨를 썼다. 술을 마시고 취할 때면 파초 잎에 초서로 자신의 감정을 드러냈다. 회소는 자신이 사는 곳을 '녹천암綠天庵'이라 불렀다. 그래서 파초를 '녹천' 혹은 '녹천암'이라 부른다. 파초를 녹천이라 부르는 이유는 창가에서 보면 한 포기 파초만으로도 하늘처럼 뜰이 온통 푸르러 보이기 때문이다.

중국의 산수화는 물론 우리 산수화에도 파초가 자주 등장한다. 특히 중국 강남 사람들이 파초를 그림 소재로 즐겨 삼았던 이유는 이곳 풍토와 밀접한 관계가 있다. 물이 많은 곳에 살았던 이곳 사람들은 파초를 나무처럼 그림의 소재로 삼았다. 그래서 산수화의 교본 《개자원화전》의 〈수보樹譜〉(나무 그리는 방법을 모아둔 꼭지)에서도 파초를 찾아볼 수 있다. 처음 《개자원화전》을 공부할 때 파초가 나무 항목에 들어 있어 아주 이상했다. 강남의 사정을 알고 나서야 이해할 수 있었다.

파초는 흔히 볼 수 있다. 특히 양반집 혹은 사찰에서 파초를 자주 볼 수 있다. 우리나라의 경우 언제부터 파초를 주요 정원 식물로 심었는지 알 수 없지만, 한 가지 분명한 것은 당·송 시대의 영향이 적지 않다는 점이다. 조선 정조의 그림을 비롯한 우리 산수화에 등장하는 파초도 중국 산수화의 영향과 무관하지 않다.

파초의 꿈은 가련하다

화가들이 파초에 끌리는 이유 중 하나는 '시원스러운 잎'이다. 파초라는 이름도 양쪽으로 쭉 펴진 잎의 모습에서 왔다. 파초는 잎이 가장 매력적이다. 신령스러우면서 여유로운 파초의 잎은 감동적이다. 초연하면서도

주대, 〈파초명선도芭蕉鳴蟬圖〉

매미가 파초의 줄기에서 서커스를 하는 모습 같다. 선비를 상징하는 파초와
이슬만 먹는 매미가 작가의 정신을 드러내는 듯하다.

바람에 가볍게 날리는 잎이 보는 사람을 낭만의 세계로 이끈다. 그래서 파초를 신선 같은 풍모를 지닌 것으로 여겨 '선선扇仙'이라 불렀다.

청나라 주탑周耷(1626?~1705?)의 〈파초명선도芭蕉鳴蟬圖〉는 참 한가롭다. 주대는 석도石濤, 홍인弘仁, 곤잔髡殘과 함께 청나라 초 4대 고승이다. 이 작품은 바로 주대의 이상 세계를 그대로 드러낸다. 묵의 농도나 공간 배치가 돋보인다. 파초나 매미가 모두 화가 자신일지 모른다. 두 신선이 노는 모습을 보니 마음이 아프다. 그래서 이 그림은 사의화법寫意畫法이다. 파초와 매미의 생리도 신선을 닮았다. 특히 파초에 앉아 수액을 빨아먹는 매미의 모습이 여유롭다. 바람이 불어 파초가 아래로 떨어지면, 매미는 어떻게 할까. 아래로 떨어지지 않기 위해 날아갈까, 아니면 파초와 한 몸이 되어 아래로 떨어질까. 만약 파초와 매미의 꿈이 일치한다면 매미는 날아가지 않을 것이다.

청나라 고봉한高鳳翰(1683~1743)의 〈파초도축芭蕉圖軸〉은 쌍구염색법雙鉤染色法을 이용한 작품이다. 이 작품의 백미는 파초 잎의 정면과 뒷면에 대한 묘사다. 나는 이러한 묘사를 아주 좋아한다. 평소에도 나뭇잎의 앞과 뒷면을 유심히 관찰하는 습관이 있다. 여성의 아름다움에서 뒤태를 빼놓을 수 없듯이 나는 식물을 감상할 때 뒤태를 놓치지 않는다. 잎을 앞면만 보는 것과 뒷면을 함께 보는 것은 하늘과 땅 차이다. 상수리나무와 굴참나무를 구별할 때도 잎의 앞뒤 모습을 기준으로 삼는다. 대부분 식물의 잎은 앞과 뒷면이 조금씩 다르다. 이런 모습은 한 존재가 살면서 남긴 흔적이다. 그런 흔적을 보고 노리면 마음이 찡하다. 세월의 희로애락을 느낄 수 있기 때문이다. 이 작품은 파초가 홀로 사는 게 아니라 다른 존재와 더불어 살고 있는 것도 애잔하다. 꺾인 잎도 삶의 바로미터다.

이 작품에는 파초의 꽃도 중요하다. 하얗게 핀 파초의 꽃이 줄기에 붙어있다. 꽃이 핀 줄기는 꽃을 자랑이라도 하듯 하늘로 힘차게 뻗어 있다. 그러나 꽃을 피우느라 힘들었는지 잎에 듬성듬성 상처가 있다. 그림 속의 파초는 어디서 온 걸까. 김동명金東鳴(1900~1968)은 〈파초〉에서 고향 떠난 아픔을 노래하고 있다.

조국을 언제 떠났노,
파초의 꿈은 가련하다.
남국南國을 향한 불타는 향수鄕愁,
너의 넋은 수녀修女보다도 더욱 외롭구나.

소낙비를 그리는 너는 정열의 여인,
나는 샘물을 길어 네 발등에 붓는다.

이제 밤이 차다,
나는 또 너를 내 머리맡에 있게 하마.

나는 즐겨 너를 위해 종이 되리니,
네의 그 드리운 치맛자락으로 우리의 겨울을 가리우자.

주대의 그림에서는 볼 수 없지만, 고봉한의 그림에서는 치맛자락 같은 파초의 잎을 볼 수 있다. 남국의 식물인 파초 잎으로 추운 겨울을 막아보려는 상상력이 돋보이는 시다. 파초의 잎으로 치마를 만든다는 상상은 아프리카와 같은 열대지방의 원주민 옷을 상상하면 얼마든지 가능하다. 고봉한과 동시대를 살았던 현재玄齋 심사정의 〈패초추묘敗蕉秋猫〉는 가을 분위기가 물씬 풍긴다. 쓰러진 파초 잎 옆에 가을 햇살 받고 앉아 여치를 노리는 검은 고양이의 눈길이 매섭다. 쓰러진 파초 잎과 금방이라도 날카로운 발톱으로 여치를 낚아챌 듯한 고양이의 생동적인 모습이 대조적이다. 파초 틈새의 붉은 꽃이 묵색과 잘 어울린다. 그림의 제목은 쓰러진 파초지만 실제 모습은 그렇지 않다. 다만 두 개 정도의 잎이 꺾였을 뿐이다. 파초의 그림에서 잎이 꺾이지 않았다면 훨씬 멋이 떨어질 것이다. 실제 파초를 봐도 특성상 거의 대부분 일부 잎이 꺾여 있다. 곧은 잎과 꺾인 잎은 음양의 조화와 같다. 긴 잎과 짧은 잎의 조화는 생명체의 기본이다.

인간은 파초 같은 삶을 그리워한다. 그래서 파초의 잎은 득과 실이 꿈처럼 부질없음을 의미한다. 옛날

고봉한, 〈파초도축芭蕉圖軸〉
파초 잎의 기운이 힘차다. 잎에 큰 붓으로 한 획을 긋는다면 얼마나 신명날까. 그러나 드문드문 뚫린 잎과 꺾인 모습에서 세월의 깊이를 짐작할 수 있다.

심사정, 〈패초추묘敗蕉秋猫〉
고양이가 가을에 쓰러진 파초 곁에
앉아 뭔가를 노리고 있다.
가을이라 파초는 시들었지만
고양이는 살지다.

   한 나무꾼이 사슴을 잡아 파초 잎으로 덮어 숨겨놓았는데 그 자리를 잊어버려 다른 사람이 가져갔다. 나무꾼은 사슴을 잡은 것을 꿈이라 생각하고 집으로 돌아갔다. 그런데 그날 밤 사슴을 숨긴 장소와 사슴을 가져간 사람에 관한 꿈을 꾼다. 나무꾼은 그 사람을 찾아가 사슴의 소유를 둘러싸고 다투게 된다. 이 이야기는 《열자列子》의 주목왕周穆王 편에 나오는 '파초엽지몽芭蕉葉之夢'이다.
   파초엽지몽 우화처럼 우리는 태어나면서부터 덧없는 존재다. 모든 생명체의 삶도 그렇다. 이 세상에 처음부터 소유할 자격을 가진 자는 없다. 이 세상에 존재하는 모든 대상은 처음부터 주인이 없다. 그래서 모든 존재가 각각 주인이다. 이 세상 모든 것이 자신의 소유라 여기지 않는 순간, 모든 것을 얻는다. 식물은 자신의 몸만 지탱할 수 있는 한 뼘의 땅만 소유한 채 평생을 산다. 이런 삶이 다른 존재에게 존경받는 이유다.

벼랑 끝에 선 소나무의 기상

벼랑에서 얻은 행복

가장 위험한 순간, 가장 절박한 순간에 행복할 줄 모르면 그 어디에서도 행복을 찾을 수 없다. 벼랑에 선 소나무를 보면서 행복하다고 생각하는 사람은 드물다. 그저 그런 모습이 안쓰럽다고 생각한다. 물론 절벽에 선 소나무, 경쟁에서 밀려난 소나무를 생각하면 안타깝다는 생각이 절로 난다. 그러나 아무리 측은한 마음이 인仁을 실천하는 시작이라 하지만 벼랑에 선 소나무의 모습을, 어려움에 처한 사람을 그저 애처롭게만 생각한다면 과연 우리는 행복할 수 있을까.

   벼랑에 선 소나무는 어떤 면에서 경쟁에 밀려난 존재다. 인근 산에만 가도 벼랑에 선 소나무를 쉽게 찾아볼 수 있다. 소나무는 집단으로 살지 않을 경우, 참나무 종류 등과의 경쟁에서 이길 수 없다. 사람들은 소나무의 이런 모습을 애처롭게 생각한다. 왜냐하면 우리나라 사람의 소나무에 대한 애정이 제비원 설화에서 보듯 상상을 초월하기 때문이

정선, 〈노송재설老松載雪〉
소나무에 눈이 내리니 늙은이의 머리는 더욱 하얗다. 늙은 소나무의 배 중 절반은 썩었다. 그러나 소나무는 반 이상 썩어도 가장자리로 물을 올리기 때문에 오래 살 수 있다. 그래서 오래 사는 삶은 중심에 있지 않고 가장자리일지도 모른다.

다. 벼랑에 선 소나무와 더불어 나는 뿌리가 밖으로 나온 탓에 등산객들의 발에 밟히는 소나무에 관심을 갖는다. 다른 길이 없어 어쩔 수 없는 때는 나도 소나무의 뿌리를 닮게 만든다. 이처럼 소나무는 벼랑에 서있지 않더라도 벼랑에 선 나무보다 못한 환경에서 살기도 한다.

소나무처럼 누구든 벼랑에 설 때가 있다. 그래서 벼랑에 선 자체가 문제가 아니라 어떻게 벗어날 것인가가 중요하다. 언젠가 내가 벼랑에 섰을 때 생각한 것이 '위기危己'다. 위태로움을 의미하는 '위'에는 '바로잡다'는 뜻이 있다. 나는 자신을 바로잡는 것이야말로 벼랑에서 벗어날 수 있는 유일한 방법이라 생각했다. 소나무가 벼랑에서 살아남는 것도 아마 자신을 바로잡고 있기 때문일 터. 벼랑에서 자신을 바로잡기 위해서는 무엇보다도 유연해야 한다. 바람이 불면 부는 대로 움직일 수 있는 융통성이 필요하다. 그렇지 않으면 뿌리가 뽑힐 수도 있다. 이런 게 삶에서 필요한 '시중지도時中之道'다. 때에 맞게 처신해야 벼랑에서 살아남을 수 있다.

나이 많은 소나무에 눈이 덮인 정선의 〈노송재설老松載雪〉을 보면 사람들은 어떤 생각을 할까. 눈 덮인 소나무가 추위를 어떻게 견딜까 걱정하는 사람도 있을 테고, 눈을 좋아하는 사람은 아주 멋있다고 생각할 것이다. 반면 도를 고민하는 사람은 늠름한 기상을 칭찬할지도. 그림 속 소나무 줄기는 비스듬하지만, 가지가 위로 향해 있어 소나무의 자세는 한 치의 흐트러짐도 없다. 영하 40도의 추위도 견디는 소나무인들 어찌 눈을 단순히 솜이불 정도로 여길 수 있겠는가. 아무리 강인한 몸을 가진 소나무일지라도, 사람들에게 '으뜸'이라 숭앙받는 소나무일지라도 힘들기는 마찬가지다. 다만 그런 처지를 원망 않고 견딜 뿐. 그러나 소나무는 자신의 처지를 숙명처럼 받아들이는 수동적인 존재가 아니다. 스스로 역경을 헤쳐나가는 지혜로운 존재다.

그림 속 소나무의 나이는 적어도 몇백 살이다. 흰 머리털 같은 눈을 머금은 잎이 늠름하다. 이런 모습은 겨울이면 흔히 볼 수 있지만, 줄기는 쉽게 볼 수 없다. 이 소나무는 줄기가 반 정도 썩은 상태다. 이처럼 썩은 가슴을 앞으로 내밀고 있는 모습은 쉽게 볼 수 있는 게 아니다. 나무의 썩은 부분이 연륜을 보태고 있다. 요즘은 보호수의 경우, 썩은 자리에 물이 들어가지 않게 외과 수술을 하지만 옛날에는 그냥 두었다. 어느 쪽이 바람직한지 모르지만, 만약 물관세포에 상처가 깊어지면 생존율은 현저하게 떨어진다. 그림 속 나무는 상처를 안고 살아가야 하는 존재의 슬픔도 함께 깃들어있다. 그림처럼 소나무는 한 그루만으로도 보는 사람을 압도할 정도다. 그러나 오랜 세월 풍상風霜

을 겪은 탓인지 나뭇가지는 짧다. 아마 가지가 길었다면 나무의 기상이 떨어질지도 모른다.

남농 허건의 〈송하탄금松下彈琴〉에 등장하는 소나무는 주위의 산세를 압도할 정도로 힘이 넘친다. 특히 낮은 언덕에 터를 잡은 소나무는 줄기보다 가지가 돋보인다. 대개 나이 많은 소나무는 용 비늘을 띠고 있지만, 그림 속의 소나무는 몸 전체에 잔털이 많다. 소나무 아래의 넓은 공터에 자리 잡은 두 사람은 무슨 곡을 연주하고 있을까. 계곡의 물소리 때문에 거문고 소리가 들리지 않을지도 모른다. 그러나 두 사람에게는 그다지 중요한 것이 아니다. 아마 솔바람 소리와 물소리를 연주하고 있을지도 모른다.

어느 해인가 목포의 남농기념관에 들른 적이 있다. 나이 드신 기념관 해설자의 설명이 아직도 귀에 쟁쟁하다. 태산목 꽃이 만개한 남농기념관에서 나를 사로잡은 것은 역시 소나무 그림이었다. 허건의 할아버지인 소치 허유가 만년에 머문 운림산방雲林山房에서 소나무 그림을 보았다. 산수화에 가장 많이 등장하는 나무를 꼽는다면 아마 소나무일 것이다. 그러나 등장하는 나무마다 모습이 다르다. 심지어 같은 화가의 소나무 그림도 각양각색이다. 그림마다 소나무의 모습이 다른 것은 세상에 존재하는 모든 소나무가 각각 다르기 때문이고, 그리는 사람의 마음과 뜻이 다르기 때문이다.

눈 덮인 정선의 소나무는 줄기에 털이 없다. 허건의 소나무는 털이 있는 점으로 봐서 아직 나이가 많지 않은 듯하다. 가지가 싱싱한 것만 봐도 허건의 소나무는 아직 어리다는 것을 알 수 있다. 그러나 허건의 소나무도 여느 나무와 비교하면 결코 적은 나이가 아니다. 작품 속 소나무는 겸재의 소나무와 달리 한 그루이면서 두 그루다. 큰 소나무 옆

허건, 〈송하탄금松下彈琴〉
두 사람은 소나무 아래서 거문고로
무슨 음악을 연주할까. 산에서
내려오는 물안개와 소나무만으로도
더 이상 아름다운 음악은 없을 터.
산수가 곧 음악이다.

에 작은 소나무가 큰 소나무 때문에 옆으로 기울어있다. 옆으로 기운 소나무는 큰 소나무의 가지에 기가 눌린 모습이다. 옆으로 기운 나무를 생각하면 안쓰럽지만, 저런 모습이 곧 삶이다. 그렇다고 해서 큰 소나무 가지에 눌린 소나무의 삶이 반드시 불쌍한 것만은 아니다. 행복과 불행은 겉모습에 의해 결정되는 것이 아니기 때문이다. 옆으로 기운 소나무가 큰 소나무에 비해 기상이 떨어지더라도 나름대로 행복하게 사는 방법을 알고 있을 것이다. 만약 그렇지 않다면 당장 옆 소나무는 말라죽었을 지도 모른다. 큰 소나무 옆의 나무를 자세히 보면 옆이 많이 비어있다. 그러니 얼마든지 숨 쉴 공간도 있고, 양껏 햇살을 받을 수도 있다. 큰길만 아름다운 게 아니다. 작은 길도 얼마든지 아름다운 구석이 있다.

1931년도에 그린 허건의 소나무 줄기 끝에서 눈을 왼쪽으로 돌리면 건너편 산에 정자가 들어온다. 절벽에 꽤 넓은 터를 잡고 있는 것도 신기하고, 그곳에 정자가 있는 것도 대단하다. 정자 옆에 키 큰 나무는 무슨 나무인지 알 수 없지만, 수형樹形으로 보아 소나무는 아니다. 소나무 아래에서 거문고를 뜯고 있는 두 사람은 정자에 놀다가 왔을까. 정자로 올라가는 길은 보이지 않지만, 소나무에서 정자로 올라가는 길이 보이면 그림 맛은 급격히 떨어질 것이다. 길이 보인다고 해서 길이고, 보이지 않는다고 해서 길이 아닌 것도 아니기 때문이다. 사람이 새처럼 날 수 있다면 소나무 가지에서 곧장 정자로 갈 수 있을 테지만, 날개가 없으니 그럴 수도 없는 노릇. 곧장 갈 수 없다면 돌아가면 그뿐이다. 설령 돌아가는 길이 멀지라도 갈 수만 있다면 그것으로 충분하다. 이 세상에는 가고 싶어도 갈 수 없는 길이 있다. 그러니 갈 수 있는 게 얼마나 행복한가. 한 그루의 나무를 찾아가는 길은 단순히 나무를 보기 위함이 아니다. 한 그루의 나무를 만나러 가는 길은 소를 찾는 심우尋牛처럼 자신을 찾아가는 여정이자 깨달음의 과정이다. 그래서 나는 나무를 찾아가는 것을 즐긴다. 힘든 만큼 행복도 넘치기 때문이다.

일본에서 본 소나무

지난해 도쿄에 일본 최초의 식물원을 찾아갔다가 우연히 도쿄국립박물관에서 국화國華 120주년·아사히신문 창간 130주년 기념특별전, '對決-巨匠たちの日本美術'을 봤다. 일본도 우리나라처럼 소나무가 많은 나라니 그림 속에 소나무가 등장하는 것도 자연스러운 일이다. 나는 그 가운데 다와라야 소다츠俵屋宗達(?~?)의 〈송도오松圖襖〉 앞에서 발걸음을 멈출 수밖에 없었다. 밀려오는 할머니 관람객의 기세에도 아랑곳하지 않고 소나무 그림 앞에서 한참 머물렀다.

소다츠의 소나무 그림은 우리나라 그것과는 느낌이 아주 달랐다. 그림 속 소나무는 일상에서 거의 볼 수 없는 특별한 나무였다. 마치 한 마리 용이 하늘로 날아오르는 모습 같았다. 소나무의 색도 정선과 허건의 소나무와 달리 온통 붉은 색이다. 나는 소다츠의 그림과 유사한 것을 도쿄 메이지신사 내 미술관에서도 보았다. 그림이긴 하지만 한 그루 소나무가 이런 모습을 띨 수 있다는 것만으로도 충격이었다. 나는 한 번도 이런 소나무 모습을 상상한 적 없었기 때문이다. 비록 그림 속 소나무였지만 두려워서 쉽게 손댈 수도 없었다. 만지는 순간 뭔가 엄청난 일이 벌어질 것만 같았다. 나뭇잎이 푸른 탓인지, 잎이 가늘게 뭉쳐있는 탓인지 소다츠의 소나무 그림은 잎이 마치 푸른 구름

**다와라야 소다츠,
〈송도오松圖襖〉**

한 마리 용이 하늘로 오르는 장면을 연상케 하는 작품이다. 수백 년 동안 온갖 풍상을 이긴 한 존재의 처절한 모습이 등골을 오싹하게 만든다.

처럼 보였다. 나무가 둥둥 떠다니는 느낌이다.

우리나라에서 소다츠의 소나무와 느낌이 비슷한 그림은 보지 못했지만, 실제 소나무는 본 적이 있다. 충북 괴산군 삼송리에 살고 있는 왕소나무(천연기념물 제290호)다. 수령이 600년이나 된 왕소나무는 몸 전체가 붉다. 몸이 붉을 뿐만 아니라 근육질이고, 용이 승천하는 모습을 띠고 있다. 경남 의령군 정곡면의 성황리소나무(천연기념물 제 359호)도 왕소나무와 비슷하지만 격은 많이 떨어진다. 나는 우리나라 소나무의 진면목을 이야기할 때 늘 왕소나무를 언급한다. 물론 오랜 세월을 살면서 입은 상처도 많지만, 왕소나무를 직접 보면 한 동안 입을 다물 수 없을 만큼 충격적이다. 특히 이 소나무를 안고 하늘을 보면, 용을 타고 하늘을 나는 기분이다. 이 소나무를 왜 '왕소나무'라 이름 붙였는지도 실감할 수 있다.

소나무 아래서 꿈을 꾸다

나는 소나무 그림 한 점을 갖는 게 꿈이다. 직접 그릴 수 있으면 좋겠지만 그릴 능력은 없으니 살 수밖에 없다. 그래서 전시회에 들릴 때마다 소나무 그림이 있는지 살핀다. 간혹 소나무 그림을 발견하지만 아직 마음에 드는 그림을 찾지 못했다. 깊은 감동을 전하는 그림 속 소나무가 없었다. 언젠가 그런 그림이 나타나면 돈을 따지지 않고 바로 살 생각이다. 그런 그림이라면 평생 내가 행복할 수 있기 때문이다. 설령 만나지 못 한다 해도 아쉬울 건 없다. 세상에는 그림만큼 행복을 주는 소나무가 아주 많기 때문이다. 그런 그림이 그리우면 언제든지 소나무를 만나기 위해 길을 나서면 그만이다.

어린 시절에는 소 꼴 먹이러 가서 곧잘 소나무 아래서 잤다. 그 시절 내가 살던 곳에는 큰 소나무가 거의 없었다. 소나무가 매우 귀했던 시절이다. 그래서 키 작은 소나무, 혹은 당시 산림녹화사업으로 많이 심었던 리기다소나무 아래서 자곤 했다. 떨어진 솔잎을 베개 삼아 잠을 자면 그렇게 편할 수가 없다. 자는 동안 코로 스미는 솔향기, 천국이 따로 없다. 자면서 어떤 꿈을 꿨는지는 기억나지 않는다. 당시에는 먹고사는 문제 외에 큰 꿈을 꿀 수 없었던 시절이기 때문이기도 하고, 그 자체가 행복의 원천이었기 때문일지도 모른다. 한 가지 분명한 것은 그 시절이 내가 소나무와 가장 친했다는 사실이다. 썩은 소나무의 모습을 보았던 것도, 소나무를 잘라 땔감으로 사용했던 것도, 배가 고파 소나무 가지 껍질을 벗겨 먹었던 것도 이 시절이었다. 지금은 도저히 할 수 없는 경험을 이 시기에 할 수 있었다. 이런 경험이 지금의 나를 나무와 만나게 했고, 또 다른 꿈을 꾸게 한다.

소처럼 우직한 사람이 그립다

소를 타고 극락을 거닐다

인간의 역사는 노동의 역사다. 숲에서 나온 뒤로 인간은 살아남기 위해서 직립보행을 할 수밖에 없었다. 덕분에 인간은 손을 사용할 수 있었다. 다른 동물과 달리 손을 사용하는 인간은 도구 사용을 통해 역사를 창조했다. 생존을 위해 인간은 지금까지 다양한 생산수단을 개발했다. 생산수단 중에는 무생물도 있고, 생물도 있었다. 생물 가운데 인간의 역사에 가장 큰 영향을 준 것은 소와 말이다. 소는 농경에, 말은 운송에 주로 활용되었다. 농사에 소를 이용하면서 인류 역사는 엄청난 변화를 맞이한다.

　소의 이용은 인간의 생산 활동이 인력에서 축력으로 바뀐 것을 의미하고, 축력의 이용은 인간의 생활을 크게 변화시켰다. 그래서 인간은 다른 어떤 동물보다 소를 숭배할 수밖에 없었다. 소 기르는 것을 한자로 '목牧'이라 한다. '목'자만으로도 소를 기른다는 뜻이지만, 같은 뜻

박제가, 〈목우도牧牛圖〉
소 등 뒤에 앉아 피리 부는 목동의 천진난만한 모습을 그렸다.
두 줄기로 이루어진 왕버들의 자태와 나뭇가지에 앉은 새들도 천연덕스럽다.

으로 '목우牧牛'를 사용한다. 소에 대한 인간의 인식은 처한 입장에 따라 많이 달랐다. 농민은 대부분 소를 생산수단으로, 불가佛家에서는 수양의 수단으로 여겼다. 조선 후기의 실학자 박제가朴齊家(1750~1805)는 어떤 생각으로 〈목우도牧牛圖〉를 그렸을까. 박제가는 청나라에 가서 보고 들은 것을 중심으로 《북학의北學議》를 저술했다. 이 책은 조선시대의 사회적 폐단을 성찰하고 농기구·수레 등 기구의 개량과 사회제도의 개혁 방안을 제시하고 있다. 이처럼 농사에 큰 관심을 가진 박제가가 소에 관심이 옮아간 것은 아주 자연스러운 일이다.

〈목우도〉는 수양버들(혹은 왕버들) 아래 한 아이가 소를 타고 피리를 부는 모습이다. 나는 한 마리 새와 가지에 앉은 몇 마리의 새가 목동의 음악과 합창하는 모습이 아주 평온하고 정겹다. 시냇가 수양버들은 줄기로 보아 꽤 많은 세월을 보낸 듯하고, 잎은 봄을 맞아 기운이 넘친다. 그런데 쇠등에 탄 아이의 모습이 예사롭지 않다. 보통 아이라면 소 허리 중앙에 타고 있을 테지만, 그림 속 아이는 꼬리 근처에 타고 있다. 화가는 이러한 다소 낯선 모습에 대해 화제畫題에서 그 이유를 친절하게 설명하고 있다.

청장관靑莊館 주인이 다음과 같이 말했다. 소를 치는 아이는 소 등 뒤에 타는 것이 천연스런 화의畫意에 맞다. 만일 허리 가운데 탔다면 이는 속된 아이거나 멋을 모르는 것이다.

박제가는 아이를 통해 뭔가 멋을 부리고 싶은 듯하다. 소 역시 아주 힘이 넘친다. 뿔이 하늘로 향하고 있기에 더욱 힘을 느낄 수 있다. 엄청난 힘을 가진 소 위에, 그것도 뒤쪽에 앉아 여유롭게 악기를 불고 있으니 결코 보통 아이가 아니다. 도를 깨친 아이다. 아니 소마저 도를 깨친 존재다. 그렇지 않고서는 도저히 이러한 모습을 현실에서 볼 수 없기 때문이다.

나도 어린 시절 적지 않게 소를 타보았다. 특히 여름철 소를 먹이러 산에 갈 때면 종종 쇠등에 타고 가곤했다. 그러나 아무 장치 없이는 쇠등에 올라타기도 쉽지 않다. 잘 훈련된 얌전한 암소라 해도 언제 화를 낼지, 언제 갑자기 뛸지 알 수 없기 때문에 한 순간도 긴장을 늦출 수 없다. 그런데 그림 속 아이는 피리까지 불고 있으니 내 경험으로는 도저히 상상할 수 없는 경지다. 그래서 소와 아이가 득도한 존재일 수밖에 없다. 이러한 모습은 아마 박제가가 꿈꾸는 세상일지도 모른다.

소와 마주한 버드나무는 노목老木이다. 줄기는 굵지만 가지에는 잎이 많지 않다. 두 갈래의 줄기가 균형을 이루면서 소와 어린아이의 모습을 지켜보고 있다. 만약 나무가 없는 목우를 상상할 수 있을까. 버드나무가 있으니 근처에 강이나 계곡이 있을 터. 왼쪽 줄기의 끝자락에 달린 가지가 이 나무의 생명력이 어느 정도인지를 가늠케 한다. 그러나 가지에는 오른쪽 줄기의 가지와 달리 새가 없다. 박제가는 왜 이 가지에는 새를 그리지 않았을까. 새를 그린 가지는 소를 타고 가는 아이와 맞닿아있지만, 반대편 가지는 그림의 주인공과 거리가 멀기 때문일지도 모른다. 아울러 왼쪽 줄기의 가지는 가늘어서 새가 앉지 못할지도 모른다.

중국 송나라의 〈춘사취귀도春社醉歸圖〉의 소는 박제가의 〈목우도〉에 등장하는 소와 사뭇 다르다. 소는 말할 것도 없고 봄날 토지신에 제사를 지내고 소를 타고 돌아오는 두 사람, 소를 끄는 사람이나 탄 사람이나 여유로운 모습은 찾아볼 수 없다. 오히려 힘겨운 모습이다. 소를 탄 사람은 술에 취해서인지 얼굴이 붉다.

소를 타고 오는 사람 옆 수양버들은 봄바람에 아주 싱그럽고 여유롭다. 잎만 봐도 초봄이라는 것을 금방 알 수 있다. 나이 많은 수양버들은 아니지만 그렇다고 애송이도 아니다. 싱싱한 잎처럼 젊은 나무다. 박제가의 작품에 등장하는 버드나무처럼 이 작품에 등장하는 수양버들도 줄기가 두 갈래다. 두 줄기는 외줄기보다 무게감을 더 하면서 작품의 구도에도 안정감을 준다. 이 작품은 수양버들의 전체 모습이 드러나지 않아 좋다. 작품의 구도상 수양버들의 전체를 드러내면 상대적으로 사람이 왜소해진다. 고삐를 끄는 사람의 모습은 안쓰럽지

작자 미상,
〈춘사취귀도春社醉歸圖〉

봄날 땅 신에게 제사를 지내고
술에 취해 돌아오는 장면이
다소 익살스럽다.
봄 햇살 머금은 수양버들은
싱싱하지만 소를 타고
나무 아래로 지나가는 사람들은
다소 지쳐 보인다.

만, 이들이 걷고 있는 흙길은 무척 정겹다. 대나무의 한 종류인 이대와 함께 보이는 길가의 떨기나무와 수양버들 뿌리 근처의 풀에서도 봄기운이 묻어난다.

　난징南京 출신 부포석傅抱石(1904~1965)의 〈풍우귀목도風雨歸牧圖〉에 등장하는 소도 〈춘사취귀도〉의 소와 닮았다. 중국의 이 두 그림에 등장하는 소는 서북부에서 자주 볼 수 있는 모우犛牛와 비슷하다. 〈풍우귀목도〉는 비바람을 맞으면서 소를 타고 돌아오는 모습을 실감나게 묘사하고 있다. 그런데 그림에서 바람 부는 것을 직접 보여줄 방법은 거의 없다. 비는 그림처럼 묘사할 수 있지만, 바람은 그 자체로 묘사하기가 어렵다. 그래서 바람이 부는 장면은 다른 대상을 통해 드러낼 수밖에 없다. 〈풍우귀목도〉에서는 대나무를 통해 바람을 드러내고 있다. 그림에는 바람에 흔들리는 대나무의 방향이 내리는 비 방향과 다르다. 바람은 북쪽에서 불고 있다. 소에 탄 사람은 다급하게 소를 재촉하고 있다. 물이 넘치면 집으로 돌아갈 수 없는 절박한 상황이다.

비바람에 겁먹은 소의 모습이 처연하다.

   주인공은 어디 갔다가 돌아오는 길일까. 예상치 못한 소나기는 계곡물을 빠르게 불린다. 소나기는 나무가 모두 품을 수 없는 비다. 나무가 품지 못한 빗방울이 빠른 속도로 계곡으로 흘러내린다. 쇠등에 탄 사람은 소에게 목숨을 맡기고 있다. 만약 소가 물살을 헤치고 건너지 못하면 함께 죽는다. 계곡의 폭은 알 수 없지만 소가 건널 수 있는 정도리라. 아마 계곡 건너편에는 누군가가 기다리고 있을 것이다.

소 잃은 목동, 길을 잃다

나는 비바람을 헤치고 집으로 돌아오는 목동의 심정을 잘 안다. 여름철 소 먹이러 나갔다가 소나기를 만나면 영락없이 그림 속 목동 신세를 피할 수 없다. 그러나 소를 타고 집으로 돌아온다는 것은 상상조차 할 수 없다. 특히 송아지가 딸렸을 경우 집으로 돌아오는 길은 정말 두렵다. 혹 비가 억수같이 내리는 상황에 송아지가 다른 길로 접어들면 눈앞이 칠흑처럼 막막해진다. 어둠이라도 깔리면 이 세상에서 가장 절박한 순간을 맞는다. 농경 사회에서 소는 가정 경제의 재산목록 1호였다. 당연히 포기할 수도 없는 노릇. 나를 비롯한 많은 친구들이 이런 고비를 여러 차례 경험했다.

   내 고향 창녕에는 우포牛浦 늪이 있다. 세계인의 관심을 끄는 우포는 소와 관련한 곳이라 '소벌'이라고도 한다. 늪의 모습이 소의 목을 닮아서 붙인 소벌에도 버들이 수없이 많다. 소벌에 대한 관심이 높아지면서 원주민 아홉 명만 늪에서 생활할 수 있게 되었다. 다른 사람들은 늪을 그저 바라만 볼 뿐. 소벌에는 사람이 거의 들어갈 수 없는 탓

부포석, 〈풍우귀목도風雨歸牧圖〉
비바람을 뚫고 소를 타고 돌아가는 모습이 긴장감을 주는 작품이다. 과연 거친 물살을 헤치고 무사히 건널 수 있을까. 그러려면 불안한 마음부터 안정시켜야 할 테지.

에 수초 천국으로 변했다. 늪이 수초의 천국으로 변하면서 소가 숨을 쉴 수 없게 되었다. 수초가 햇볕을 막아버리기 때문이다. 늪에도 소통이 필요하다. 사람이 살아가는 늪에 사람이 발길을 끊으면 늪도 썩을 수 있음을 우포가 보여준다. 우포가 살아남지 못하면 내 마음의 소도, 내가 가야할 길도, 인류가 가야 할 길도 막힌다.

가축으로서 소는 어쩔 수 없이 인간에게 부림을 당할 수밖에 없다. 그리고 종국에는 인간에게 고기를 제공하는 신세로 전락한다. 사람들은 이런 소의 모습을 보고 '우직愚直'하다고 말한다. 그러나 나는 소가 어리석고 미련한 존재가 아니라 '우직牛直'한 존재라 생각한다. 소는 내가 가야 할 길을 안내하는 스승이다.

사람들은 공자의 말씀을 듣고 곧장 실천했던 안회顔回(B.C.521~B.C.490)를 어리석은 사람으로 평가하지만, 공자는 안회의 그런 모습을 칭찬했다. 그래서 공자는 자신보다 먼저 죽은 안회의 죽음을 애도하며 며칠 동안 음식을 먹지 않았다. 안회를 맹자와 더불어 아성亞聖으로 평가하는 것도 그의 우직함과 무관하지 않다. 비바람에 사람을 태우고 목숨 걸고 달리는 소처럼 우직한 사람이 그립다.

섣달 초순, 분매에 물을 주어라

'역易' 같이 살아야지

날마다 새롭지 않은 게 없고, 해마다 새롭지 않은 꽃이 없다. 식물은 '일신우일신日新又日新'이다. 매년 같은 나무와 풀에서 피는 꽃이지만 한 번도 같은 꽃은 없다. 사람들이 해마다 피는 꽃을 좋아하는 이유도 때마다 다른 모습을 볼 수 있기 때문이리라. 식물은 한 존재가 끝없이 스스로를 변화시킬 줄 알아야만 아름다운 모습을 간직할 수 있음을 몸소 보여준다. 삶(生)은 끝없는 변화(易)를 통해서만 행복할 수 있는지도 모른다. 세상 자체가 역이고, 우주 자체가 역이다. 문제는 세상을 역같이 살지 않는다는 점이다. 사람들은 변하는 식물을 좋아하면서도 변하지 않는 것을 추구한다. 변하지 않는 데 진리가 있다고 믿는다. 그러나 변하는 것만이 진리다. 세대 간의 갈등 원인도 나이 든 사람이 젊은 사람을 이해하지 못하는 데 있지, 젊은 사람이 나이 많은 사람을 이해하지 못하는 데 있지 않다. 나이 많은 사람이 변화를 따라

잡지 못하기 때문에 젊은 사람을 이해할 수 없는 것이다.

장미과의 매화는 어떤 나무보다 먼저 봄을 알린다. 일찍 봄을 알리는 매화를 '조매早梅'라 부른다. 그러다 보니 눈 속에서 꽃이 피기도 한다. 이런 매화는 '설중매雪中梅'라 부른다. 봄을 알리는 나무들은 대개 잎보다 꽃이 먼저 핀다. 매화도 눈이 녹기도 전에 꽃을 피워 아직 겨울 티를 벗지 못한 만휘군상萬彙群象에게 봄을 알린다. 눈 속에서 피는 매화를 보면 인간이 눈으로 볼 수 없는 뭔가가 땅속에서 움직이고 있음을 알 수 있다. 그래서 설중매는 눈이 아니라 마음으로 보아야 한다. 사람들은 매화의 이런 모습에 반한다. 매화처럼 누군가를 반하게 만들려면 고통을 감내해야만 한다.

매화를 사랑한 사람들

무로마치室町 막부 후기, 승려이자 화가였던 셋슈 토요雪舟等楊(1420~1506?)의 〈매하수노도梅下壽老圖〉는 제목에서 알 수 있듯이 매화 아래의 늙은이를 묘사하고 있다. 그림 속에는 매화만이 아니라 소나무, 대나무, 사슴 등이 등장한다. 등장 요소들이 모두 고귀한 존재다. 노인의 흰 수염은 매화꽃과 잘 어울린다. 그의 이러한 화풍은 기본적으로 명나라 화풍에 기초하고 있다. 어린 시절 출가한 그는 1467년에 명나라로 건너가 당시 화단의 주류였던 중국의 절파浙派 화풍을 체득했다. 저장성浙江省 전당錢塘 출신 대진戴進(대문진戴文進)이 시조인 절파는 남송 시대 원체계院體系의 산수화풍에 기초한 수묵화풍水墨畵風이 특징이다. 직업 화가가 많았던 절파는 화기畵技가 탁월하고 필묵이 웅건雄健했지만, 당시 문인화가들에게는 비난의 대상이었다. 이 같은 화풍을 익힌 그는 2년 만에 귀국하여 규슈九州를 비롯해 여러 지방을 돌아다녔으며, 18년 뒤인 1487년에 군주였던 오나이大內를 위해 〈사계산수도四季山水圖〉를 그렸다.

중국 명나라 두근杜菫(?~?)의 〈매하횡금도축梅下橫琴圖軸〉은 매화 아래 선비가 거문고를 연주하는 모습이다. 그림 속 매화는 매우 독특하다. 줄기의 굵기로 보아 연륜이 상당하다. 가지가 거의 없다는 것만 봐도 충분히 연륜을 짐작할 수 있다. 가지가 적으면서 하늘 높이 줄기가 뻗어있다. 마치 한 마리의 용이 승천하는 모습이다. 매화는 아직 만개하지 않았다. 매화의 자태는 선비가 무엇을 지향하는지를 암시하고 있는 듯하다. 그림 속에는 셋슈 토요의 그림에서처럼 대나무가 등장한다. 바위도 선비의 정신을 드러내는데 빠지지 않는 요소다.

셋슈 토요, 〈매하수노도梅下壽老圖〉
활짝 핀 매화 아래 노인과 풀을 뜯는 사슴이 있다.
매화꽃은 밤하늘의 별처럼 빛나고,
사슴 등 위에도 별이 반짝인다.
매우 고혹적인 분위기를 자아내는 작품이다.

이 그림의 주인공인 선비는 매화를 보면서 거문고를 연주하고 있다. 그저 매화를 완상玩賞하러 나온 것이 아니라 매화와 한 몸이 되려는 듯하다. 옆에 시중드는 사람들만 봐도 거문고를 뜯는 주인공의 신분을 쉽게 알 수 있다. 선비가 앉아있는 곳이 꽤 넓다. 난간까지 만들었을 정도

두근, 〈매하횡금도梅下橫琴圖軸〉
매화 아래에서 거문고를 연주한다.
나이 많은 매화는 마치 한 마리의 용처럼
하늘로 솟아올랐고, 사람들은 고매古梅에
꽃이 핀 것을 축하해 연주하는 듯하다.

라면 어디엔가 정자라도 있을 법하지만 보이지 않는다. 시동들은 주인이 연주를 마치길 기다렸다가 술이나 차 시중을 들어야 했다. 중국 송대부터 청대까지 지배 계층이었던 사대부와 신사紳士 계급이 이러한 놀이를 즐겼다. 그들은 이러한 것조차 공부의 대상이라 여겼다.

두근이 이 같은 그림을 그린 것은 아마도 시험에 낙방했기 때문인지도 모른다. 중국에서 과거 시험에 낙방한 자가 선택할 수 있는 길은 크게 두 가지였다. 하나는 끝까지 과거 시험을 준비하는 경우, 다른 하나는 포기하고 다른 업을 찾는 것이다. 두근은 후자의 경우에 속한다. 그런데 두근처럼 과거 시험을 포기한 자는 주로 저술 혹은 예술 활동에 전념했다. 그의 성품이 어떠했는지 알 수 없지만, '정거고광檉居古狂'이라는 호를 보면 상당히 '괴짜'였을 가능성이 높다. 그의 호는 자신이

변경소, 〈설매쌍학도축雪梅雙鶴圖軸〉
눈과 매화꽃과 학이 잘 어울린다.
하얀 눈과 하얀 꽃과 하얀 학 때문에 눈이 부셔 도저히 쳐다볼 수 없다.

사는 곳에 위성류渭城柳를 심고 신나게 살아보겠다는 뜻이기 때문이다. 중국에서는 위성류를 정원수로 즐겨 심는다. 간혹 우리나라 양반가에서도 위성류를 정원수로 심은 예를 찾아볼 수 있다.

중국 명나라 변경소邊景昭의 〈설매쌍학도축雪梅雙鶴圖軸〉은 두근의 작품에 등장하는 매화에 비하면 왜소하다. 매화가 왜소하게 보이는 이유는 두 마리 학 때문이다. 그러나 이 작품 속 매화도 줄기를 보면 수령이 오래된 축에 속한다. 그림에는 매화꽃이 만개했다. 장미과의

특징인 다섯 장의 꽃잎도 선명하다. 매화 옆에 이름을 알 수 없는 꽃도 피어있다. 꽃 모양이 매화는 아니다. 흰색의 꽃이 학과 잘 어울린다. 두 마리 학 중 한 마리는 매화꽃을 응시하는 듯하지만, 다른 한 마리는 매화에 전혀 관심이 없다. 혹 두 마리의 학이 암수 한 쌍이라면 매화를 응시하는 학은 사랑을 노래하는지도 모른다. 한 마리 학이 매화를 바라보고 있는 것은 꽃을 따서 연인에게 주려는 것일까. 사랑하는 사람에게 무엇인들 못하랴. 학의 발 근처에는 학 닮은 대나무가 살고 있다.

지볼트와 주카리니가 함께 붙인 매화의 학명 'Prunus mume Siebold et Zuccarini'에는 일본어 '무메mume'가 들어있다. 무메는 매화를 뜻하는 '우메うめ'의 옛 이름이다. 두 사람이 중국 원산으로 알려진 매화의 학명에 일본어를 넣은 것은 매화가 일본 나가사키長崎를 통해 서양으로 알려졌기 때문이다.

매화와 결혼한 사람

일본의 셋슈 토요와 중국의 변경소 그림에 등장하는 매화와 노인, 매화와 학은 은자隱者의 표상이다. 옥처럼 희고 맑은 매화꽃, 추운 눈 속에서도 당당하게 피어나는 매화의 생태는 고귀한 삶을 추구하는 이들의 선망이 아닐 수 없다. 중국 북송 시기 매화를 아내로 삼고 학을 아들로 삼은, 이른바 '매처학자梅妻鶴子'였던 임포林逋(967~1028)는 대표적인 은자였다. 임포처럼 선비들은 매화를 심어 자신의 정신과 이상 세계를 드러냈다. 지리산 기슭의 산청 단속사지斷俗寺址 뒤편에 우리나라에서 가장 오래 살고 있는 매화, 즉 '정당매政堂梅'는 《양화소록養花

小錄》의 저자인 강희안姜希顔(1418~1464)의 할아버지인 강회백姜淮伯 (1357~1402)의 정신과 이상을 담고 있다. 퇴계退溪 이황李滉(1501~1570) 과 남명南冥 조식曺植(1501~1572)의 제자였던 한강寒岡 정구鄭逑(1543~ 1620)는 백매원百梅園을 통해 도학자의 정신을 닦았다.

중국의 임포처럼 매화를 좋아한 사람으로 조선 시대 황기로黃耆老 (1521~1567)를 빼놓을 수 없다. 구미시 낙동강변에 자리 잡은 매학정은 초서의 대가였던 황기로가 학문을 연마하던 곳이고, 매학은 그의 호이다. 퇴계 이황도 〈고산매은孤山梅隱〉이라는 시를 지어 황기로의 매화 사랑을 읊었다. 고산은 황기로의 또 다른 호다.

> 배를 돌려 돌아오니 학이 사람을 따르고
> 매화 옆에서 한가하게 앉으니 절로 청진淸眞하네
> 문전에 또한 비범함 객일 터인데
> 어찌하여 달아나서 오히려 몸을 숨기는가?

지금은 매학정 주변이 좀 어수선하지만 당시에는 정말 빼어난 풍광을 자랑하는 정자였다. 당연히 매학정 주변에 매화가 많았지만 찾는 사람이 드물어 정자는 무심하게 흐르는 강물을 지켜보고 있다. 매학정을 비롯한 우리나라 정자를 찾으면 언제나 쓸쓸하다. 정자는 우리 성리학자들의 정신이 살아 숨 쉬는 곳이고 자연 생태와 인문 생태가 가장 잘 어우러진 곳이지만, 찾는 사람이 드문 것은 말할 필요도 없고 자연 생태마저 개발에 밀려 크게 훼손되었기 때문이다. 정자가 생명력을 잃으면 우리의 전통도 살아날 수 없는 법이다. 언제 매학정의 매화는 주인을 만날 수 있을까.

중국 송나라의 시인이자 철학자였던 소옹邵雍(1011~1077)은 다섯 장의 매화꽃잎을 평화, 화해, 행운, 관용, 인내로 표현했다. 분열과 갈등으로 약자와 소외 계층의 고통이 날로 커지는 요즘, 한창 피어나는 한 송이 매화꽃은 실낱같은 희망일지도 모른다. 행복을 가치로 평가하지 않고 물질과 지위로 평가하는 이 시대에 매화의 삶은 인간의 스승일지 모른다.

이황은 "매화가 피는 섣달 초순, 분매盆梅에 물을 주어라."는 유언을 남기고 돌아가셨다. 퇴계는 왜 하필 화분의 매화에 물을 주라고 당부했을까. 그만큼 매화는 퇴계에게 소중했고, 죽어도 그리워할 나무였기 때문이다. 《매화시첩梅花詩帖》을 보면 그가 얼마나 매화를 사랑했는지 알 수 있다. 〈옥당회매玉堂懷梅〉는 퇴계의 꿈을 담고 있다.

한 그루 마당의 매화 가지에 눈이 가득하여
풍진 속 먼 곳에서 꿈을 이루지 못하네
봄 밤 달빛 아래 옥당玉堂에 앉아 마주했는데
기러기 소리 속에 그리움이 있네

옥당, 즉 홍문관에서 숙직하던 시절 매화를 바라보면서 고향을 그리워하는 퇴계의 모습이 눈에 선하다. 퇴계는 매화 가지에 아직 꽃이 피지 않고 가지에 눈만 가득한 모습에서 고향에 가지 못하고 벼슬살이하고 있는 자신의 처지를 보았고, 눈 속에서도 꽃이 피는 매화처럼 자신도 하루 빨리 고향에 돌아가 매화와 더불어 살날을 기다렸다. 그래서 그는 도산서당을 지은 해에도 〈매화〉를 남겼다. 지금도 도산서당 주변에는 해마다 매화꽃이 만발한다. 여전히 퇴계의 정신이 살아있다는 증거다.

사라진 버드나무에 대한 오해

인왕산에 능수버들 피고 지면

버드나무는 흔들리면서 사는 게 어떤 것인지 일깨워주는 스승이다. 한국에 40종이 넘는 버드나무가 살고 있지만 성질은 모두 부드럽다. 버드나무는 겉도 부드럽지만 속도 부드러운 나무다. 바람 불면 온몸을 바람에 맡긴 채 이리 흔들 저리 흔들거린다. 특히 가지를 축 드리운 능수버들 혹은 수양버들은 바람 불면 자유자재로 움직인다. 바람이 세게 불면 가지가 하늘 높이 솟구쳐오르다가 순식간에 반대 방향으로 내달린다. 마치 어린아이가 그네 타는 모습과 같다. 봄철 능수버들 가지에 꽃이 피면 마음이 흔들려 견딜 수가 없다. 온몸에 꽃을 단 능수버들이 바람에 흔들리면 내 마음도 덩달아 흔들려 한 걸음도 나아갈 수 없다. 능수버들이 막 꽃을 피우는 모습을 본 사람은 누구나 그 모습에 마음을 빼앗기고 한순간도 제대로 서있지 못할 것이다.

겸재 정선의 〈인곡유거仁谷幽居〉에 등장하는 능수버들도 연초록의

정선, 〈인곡유거仁谷幽居〉
인왕산 골짜기에서 완연한 봄날을 즐기는 장면이다.
이런 날 방안에서 책을 읽어도 나른해서 눈이 감기는 법이다.

풍치를 마음껏 풍긴다. 겸재는 수도 서울 인왕산 골짜기에 똬리를 틀고 능수버들의 움직임을 귀로 듣고 있다. 그는 버들을 보지 않아도 어떤 모습으로 움직이는지를 잘 알고 있었다. 키 큰 능수버들 옆에는 아주 작은 버들이 한 그루 앙증맞게 서있다. 어린 모습이라 가지가 부모와 사뭇 다르다. 그러나 봄바람이 몇 번 불기만 하면 금방 부모처럼 우아한 자태를 볼 수 있을 듯하다.

　겸재의 그림 제목은 '인곡유거'. 속세를 떠나 인왕산에서 산다는 뜻이지만, 그림 속 기와집은 속세를 떠나 사는 사람이 거하기에는 다소 사치스럽다. 물론 속세를 떠나 산다고 기와집에 살지 말라는 법은 없다. 그러나 조선 시대 기와집이 부자의 상징이었음을 고려하면 아무리 그림일지라도 속세를 떠난 모습과는 다소 거리가 있다. 더욱이 기와인 본채와 초가의 대문은 양복에 고무신처럼 어울리지 않는다. 다만 초가 대문은 옆의 능수버들과는 아주 잘 어울린다. 진경산수의 대표 화가인 겸재가 자신이 사는 모습을 진솔하게 드러내려 했다면 대문도 기와에 어울리는 솟을대문으로 표현하는 게 옳았을지 모른다. 그림을 이렇게 논리적으로 분석하면 맛이 떨어질 테니, 오히려 불균형이 이 그림의 맛일지도 모른다고 해두자. 그러면 인왕산마저 가리고 선 능수버들의 아름다운 자태가 눈에 들어온다.

　능수버들과 능수버들 옆의 짙은 색의 키 큰 나무, 그리고 문 옆의 키 작은 나무의 색 대비가 이채롭다. 능수버들 몸을 타고 올라가는 덩굴식물도 운치를 한층 돋운다. 인왕산은 봄이지만 잔설이 여전히 남아있는 듯 희다. 겸재는 정자 안 작은 방에 앉아 꼿꼿한 자세로 책을 읽고 있다. 그림처럼 대부분의 정자에는 작은 방을 둔다. 이처럼 정자 안에 작은 방을 만드는 것은 이곳이 선비들의 풍류 공간이었기 때문이다. 정자에는 단순히 놀이만 있는 게 아니라 학문도 함께 이루어진다. 선비들은 봄, 여름, 가을에 이곳에서 심신을 달래고 학문을 연마한다. 주인공이 읽고 있는 것은 분명 유교 관련 책일 테지만, 봄기운이 방안으로 들어오면 글에 집중하기 쉽지 않을 것이다. 방 안에 깊숙이 숨어있으면서도 밖에 관심을 기울이지 않을 수 없는 게 사람의 심

작자 미상, 〈유각풍범도柳閣風帆圖〉
울창한 버들 숲에 자리 잡은 집으로 사람들이 돛단배 타고 온다. 아마 큰 잔치가 열리거나 사대부가 피서를 즐기러오는 것이 아닐까.

정이다. 봄바람이 사람의 마음을 흔들고, 능수버들 꽃가루가 코를 간질이니, 어찌 방 안에만 머물 수 있으랴. 설령 방에서 나오지 않더라도 마루에 나와 봄기운을 마음껏 즐길 것이다. 아마 정자 마루에 나오면 뒤편 어디엔가는 계곡이 있을 테고, 바위도 보일 것이다. 우리 정자는 인문과 자연이 어우러지는 거의 완벽에 가까운 생태 공간이다.

중국 송나라 작자 미상의 〈유각풍범도柳閣風帆圖〉는 버드나무로 둘러싸인 누각과 돛단배가 주인공이다. 그림에서 언급한 '류'는 나무 모습으로 보아 능수버들(수양버들)이다. 누각이 온통 버들로 둘러싸여있는 게 눈에 띈다. 능수버들은 어림잡아 백 그루가 넘을 듯하다. 실제 나무를 한 그루 한 그루, 세면 눈으로 보는 것보다 훨씬 많다. 누각 동쪽에도 버들이 있다고 상상하면 버들의 수는 훨씬 늘어날 것이다. 그런데 나무 간 간격도 일정하고, 버들의 그루 수를 보더라도 이곳 버들은 분명 의도적으로 심은 것이다.

이 그림은 능수버들과 강, 그리고 돛단배가 잘 어우러져 즐거움을 더한다. 다리가 없으면 누각에 닿을 수 없다. 다리에 옷을 곱게 차려입은 두 사람이 마주하고, 그 뒤에 또 한 사람이 다리 쪽으로 걸어가고 있다. 누각에도 몇 사람이 보인다. 아마 모임이 있나보다. 강바람 부는 울창한 능수버들이 늘어진 곳에서 지인知人과 만나는 것만으로도 행복한 일이다. 마침 두 척의 배도 누각으로 다가오고 있다. 그런데 배가 작지 않다. 상선을 연상케 한다. 만약 행사를 준비하는 배라면 어마어마한 행사가 벌어질 게 분명하다.

이곳에 모인 사람들이 그저 먹고 마시지는 않을 것이다. 뭔가 의미 있는 일을 하기 위한 발걸음이 아니라면, 울창한 능수버들 숲이 부끄러워진다. 간혹 사람들이 고기를 구워먹거나 이맛살을 찌푸릴 행동을 하면 숲도 아름다움을 잃는다. 인간이 숲을 존경하는 마음으로 만날 때, 비로소 숲은 본연의 아름다움을 허락한다.

나는 이런 숲을 만날 때마다 위魏나라 말기 사마 씨 일족들이 국정을 장악하고 전횡을 일삼자 세상을 등지고 노장의 무위자연 사상에 심취했던 죽림칠현竹林七賢이 떠오른다. 완적阮籍·혜강嵇康·산도山濤·향수向秀·유영劉伶·완함阮咸·왕융王戎 등은 지배 권력이 강요하는 유가적 질서나 형식적 예교禮敎를 조롱하고 위선을 폭로하기 위해 당시 상식에서 벗어난 언행을 일삼았다. 이들의 언행이 사회에 던진 메시지는 강렬했지만, 사회를 바꾸는 데는 성공하지 못했다. 어쩌면 그들의 모습도 유가처럼 또 다른 위선일지도 모른다. 버들 숲에 모인 사람들은 과연 무엇 때문에 모였을까. 사회의 위선을 비판하기 위해 모이는 것일까, 아니면 단순한 친목일까. 과연 우리는 숲에서 무엇을 논해야 할까.

요사 부손,
〈양류청청병풍楊柳靑靑屛風〉
푸르디 푸른 버드나무가 힘차게
뻗은 모습에서 봄을 느낄 수 있다.
버드나무가 푸르디푸른 것은
아침과 저녁에 물안개로
목욕하기 때문이리라.

일본 요사 부손与謝蕪村(1716~1783)의 〈양류청청병풍楊柳靑靑屛風〉은 키 작은 버드나무(갯버들)를 그린 병풍이다. 제목은 버드나무의 푸른 모습을 의미하지만 보이는 모습은 푸른 느낌이 강하지 않다. 그러나 가지에 물이 올라 힘찬 모습을 느낄 수 있다. 버드나무는 일정한 간격을 두고 살아가고 있다. 옹기종기 더불어 살아가는 모습이 살갑다. 봄날, 사랑하는 사람과 손잡고 이런 길을 걷는다면 죽을 때까지 잊을 수 없는 추억으로 남을 것이다. 그림에서도 버드나무 사이로 두 사람이 걷고 있다. 연인 사이인지는 알 수 없지만, 그들의 발걸음은 힘차다. 아마 강가에서 고기를 잡아 집으로 돌아가기 때문인지도 모른다. 발걸음을 뒤로하면 금방 강가에 도착할 지도 모른다. 이처럼 그림은 무

한의 상상을 자극한다. 산수화는 보여주지 않아도 보이는 마력을 지녔다. 작가는 일본에도 중기의 문인화가다. 그는 독학으로 그림을 공부한 사람이다. 노년에는 중국 남종화南宗畵를 잘 그려 독자적인 경지에 이르렀다.

버드나무 건너편에는 산등성이가 보인다. 버들과 산 사이에는 강물이 흐르겠지. 그림 상으로는 금방이라도 산으로 올라갈 수 있는 거리지만, 실제는 굽이굽이 강을 건너야 할지도 모른다. 그림 속 산이 낮은 것은 이 그림의 주제가 버드나무이기 때문일 것이다. 키 작은 버드나무를 그리면서 산을 높게 그린다면 주인공이 버드나무가 아니라 산이 되었을 것이다. 이런 병풍을 집안에 두면 사계절 내내 방 안에 있

사라진 버드나무에 대한 오해

어도 지겹지 않게 멋진 풍경을 즐길 수 있을 것이다. 상상력이 풍부한 사람이면 버들잎이 돋는 봄뿐 아니라 꽃은 물론 잎이 물든 장면까지 즐길 수 있을 테니 말이다. 방안에서 지겹다 싶으면 버들가지 병풍의 버들가지를 꺾어 피리를 만들어 자신이 좋아하는 노래라도 부를 수 있을 터. 상상을 즐기면 무엇인들 못할까.

허리춤에 버드나무 꺾어 꽂아

버드나무는 중국 송대 이후 가로수로 널리 쓰였다. 어린 시절 고향 신작로 양편의 가로수도 버드나무였다. 여름에는 버드나무 그늘 때문에 더위를 피할 수 있었고, 학교 갔다 돌아오는 길에 지겨우면 친구들과 버들을 꺾어 피리를 불었다. 버드나무는 매미의 천국이었다. 그리고 나와 친구들은 매미의 천국을 방해하는 악마였다. 나무에 올라 매미를 잡는 일이야말로 매우 즐거운 놀이였기 때문이다.

신작로 버드나무는 단순히 풍치수風致樹와 놀이의 역할만이 아니라 농촌에서는 또 다른 의미를 갖고 있었다. 버드나무 가지, 즉 양지楊枝는 양치질의 어원에서 알 수 있듯이 입을 정화시키는 역할을 담당했다. 칫솔이 없던 시절 농촌에서는 버들가지를 꺾어 입을 청소했다. 버들잎이 달린 가지를 입안에 넣으면 향기가 가득 퍼지면서 개운하다. 그리고 모내기 철에는 요긴한 거름으로 사용되었다. 화학비료가 없던 시절에는 버드나무 가지를 거름으로 사용할 수밖에 없었다. 나도 신작로 버드나무에 올라가 가지를 잘랐다. 부드러운 버드나무 가지는 낫으로 쉽게 자를 수 있고, 때로는 손으로도 가능하다. 자른 버드나무 가지는 다시 작두에 잘게 잘라서 지게에 담거나 손수레에 싣고 논에 뿌린다.

모내기를 끝낸 다음에도 버드나무 가지는 유용하다. 농촌에서 여름철 일 중 가장 중요한 것이 김매기다. 지금은 제초제로 풀을 제거하지만, 농약이 없던 시절에는 사람이 직접 논에 들어가서 풀을 제거해야만 했다. 벼농사에서 가장 힘든 과정이지만, 이 같은 고통 없이는 만족할 만한 수확을 기대할 수 없다. 이 고통스러운 과정에서 버드나무는 한 줄기 소나기 같은 존재다. 왜냐하면 풀 제거 과정에서 사람을 힘들게 하는 것은 노동 그 자체이기도 하지만 더위와 파리를 쫓는 것도 매우 중요한데, 더위와 파리를 쫓게 해주는 것이 버드나무 가지이기 때문이다. 이 과정에서 버드나무 가지가 없다면 아마 더위와 파리 때문에 견디기 어려울지도 모른다. 그러니 버드나무 가지가 얼마나 고마운가. 허리춤에 버드나무 가지를 꽂고서 허리를 굽혀 벼 사이로 걸어 다니는 시간에는 버드나무를 기억할 수 없지만, 중참을 먹기 위해 논에서 나와 그늘에 앉으면 비로소 버드나무의 고마움을 안다.

버드나무 가지를 꺾어 노동하던 시절도 이제 추억일 뿐이다. 산수화에 등장하는 버드나무를 보면 그 시절이 생각나는 것도 나의 몸속에 그런 추억이 짙게 녹아있기 때문이다. 추억은 고통스러울수록 찻물처럼 진하게 배어나는 법. 그러나 당시 그런 추억을 제공한 신작로 버드나무는 모두 사라졌다. 도로를 넓히고, 포장하는 과정에서 그 많았던 버드나무 가로수가 한꺼번에 사라졌다. 이른바 근대화 과정에서 사라진 버드나무 가로수는 이제 대한민국 어디에서도 찾아볼 수 없다. 다만 그런 버드나무 가로수와 함께했던 사람들의 기억 속에서만 존재할 뿐이다. 버드나무로 생계를 유지했던 어느 지역에서는 이 나무에서 사람이 태어났다는 설화까지 남아있다. 그러니 버드나무 가로수가 사라진 것은 단순히 나무가 사라진 것이 아니라 문화까지 사라진 것이다.

나무는 갈 곳을 정하지 않고, 매일 길을 나선다

상서로움으로 너를 만나다
움직이지 않고 움직이기
벽오동을 심은 뜻은
사랑도 평등할 때 아름답습니다
'비움'을 통한 득음의 기술
남방의 식물에 매혹된 이유
상상의 나무에 물을 내리며

상서로움으로
너를 만나다

제 이름을 불러주세요

목련은 목련꽃이 아니라 연꽃이다. 그래서 목련은 꽃을 피울 때마다 슬프다. 목련은 이 나무의 꽃을 보고 붙인 이름이다. 그러나 이름을 붙인 사람은 이 나무의 꽃을 연꽃에 비유했다. 목련은 '나무에 핀 연꽃'이라는 뜻이다. 그래서 목련은 아름다운 꽃을 피우고서도 다른 식물의 이름을 갖고 있다. 왜 목련과의 나무를 다른 존재의 꽃에 비유하는 것일까. 한말의 명미당明美堂 이건창李建昌(1852~1898)은 시를 통해 목련과 이름의 관계를 절묘하게 엮었다.

꾸미는 것은 당연히 없애야 하고
진흙인들 어찌 혼탁하게 하리오
치열하게 설법을 새롭게 해서
육지와 언덕에서 사네

이건창의 시는 물에 사는 풀 '연蓮'이 어떻게 육지에 사는 나무 '목련'으로 탄생했는지를 보여준다. 연이 목련으로 탄생할 수 있었던 것은 바로 설법 때문이다. 연은 치열한 수양을 통해 육지와 언덕에 올라서 새로운 삶을 살아갈 수 있었던 것이다. 내가 이건창의 이 시를 좋아하는 이유는 다만 목련과 이름과의 관계를 절묘한 비유로 드러냈을 뿐 아니라 그의 삶이 연이 목련으로 다시 태어난 것처럼 치열했기 때문이다. 이건창은 병인양요 때 울분을 참지 못하고 자결한 할아버지를 닮아 자신은 물론 암행어사로서도 매우 엄격했다. 그러나 그는 고려와 조선을 통틀어 10대 문장가에 속하는 뛰어난 문학적 업적을 남겼음에도 후손에게 철저하게 외면당했다. 그가 소장한 서책은 가난한 후손들이 다른 사람들에게 팔아먹었고, 대한민국 정부와 지방자치단체는 그의 업적에 무관심했다. 선생의 무덤에는 그 흔한 비석 하나 없다. 다행히 나와 공부하는 분들이 선생의 문집 중 일부를 번역·출간하고, 방계 후손의 노력으로 이제 겨우 묘역을 조성하고 있다. 묘역이 새롭게 조성되면 위의 시와 함께 목련을 한 그루 심고 싶다.

눈을 멀게 하는 목련

중국이 원산인 목련에는 자목련, 별목련 등 적지 않은 종류가 있지만, 흔히 목련은 꽃이 흰 백목련을 일컫는다. 잎보다 먼저 피는 목련꽃은 눈이 시리도록 하얗다. 때로는 매우 하얗기 때문에 색이 없는 것처럼 보인다. 먼 곳에서 목련꽃을 바라보면 하얀 드레스를 입은 신부 같다. 다가가 목련꽃을 안으면 황홀하다. 사람들은 목련꽃의 아름다운 모습에 반해 '옥란玉蘭'이라 불렀다. 중국 청나라의 왕사신汪士愼(1686~1759)

왕사신, 〈옥란화玉蘭花〉
잎보다 꽃을 강조한 작품이다. 옥처럼 하얀 목련꽃이 마치 수줍어하는 신부 같다.
누굴 그리워하는지 목련의 가지가 무척 길다.

의 그림 〈옥란화玉蘭花〉도 목련을 의미한다.

왕사신의 호는 '소림巢林'이다. 작품의 낙관에서도 호를 볼 수 있다. 소림이라는 호에서 그가 추구하는 삶의 방향을 읽을 수 있다. 소림은 새가 나뭇가지 하나로 보금자리가 족하듯 겨우 몸 하나 들 정도의 변변치 못한 집을 뜻하기 때문이다. 중국의 이른바 '양주팔괴揚州八怪' 가운데 한 사람인 그는 매화 그림에 아주 뛰어나 '왕매汪梅'라 불리었지만, 목련꽃도 아주 탁월했다. 중국 휘주徽州 출신의 왕사신은 차를 아주 좋아해서 사람들이 '차선茶仙' 혹은 '차광茶狂'이라 불렸다. 그는 예순일곱에 실명했지만 뛰어난 초서로 사람들을 감동시킨 불굴의 의지를 지닌 사람이었다.

왕사신의 그림에 등장하는 목련꽃 아랫부분에 나타난 푸른색이 돋보인다. 그림에서도 볼 수 있듯이 목련꽃은 활짝 피지 않는다. 수줍은 듯 나뭇가지에 솟아오른 목련꽃은 신선처럼 고상하다. 봄철 산중에 피어있는 한 송이 목련꽃은 눈이 부셔 쳐다볼 수조차 없다. 그런데 이 작품은 목련의 가지가 특이하다. 보통 목련의 가지는 작품처럼 수평으로 뻗는 경우는 드물기 때문이다. 작품의 목련 가지는 뱀처럼 구불구불해서 괴기스러운 느낌마저 든다. 양주팔괴 중 한 사람답게 목련 그림도 괴이한 것일까. 왕사신의 목련은 얼마 후면 꽃잎이 떨어질 것이다. 왜냐하면 가지에 잎이 돋아났기 때문이다. 잎보다 꽃이 먼저 피는 나무는 잎이 나오면 열매를 맺어야 한다.

많은 사람들이 목련꽃을 사랑한다. 그런데 나무에 관심 있는 사람들조차 목련의 잎과 열매는 기억하지 못한다. 많은 사람이 잎보다 꽃이 먼저 피는 나무의 경우 꽃이 진 후에는 관심을 갖지 않는다. 목련도 꽃이 지고나면 관심을 갖지 않기 때문에 잎이 어떤 모양인지, 열매는 맺는지에 대해서는 관심 밖이다. 생육신 가운데 한 사람인 매월당梅月堂 김시습金時習(1435~1493)은 〈목련木蓮〉에서 "잎은 감과 같고, 꽃은 백련과 같고, 꽃송이는 창이자蒼耳子와 같고, 열매는 붉다."고 읊었다. 목련 잎은 감나무 잎처럼 두텁다. 붉은 열매는 가을부터 겨울까지 볼 수 있다. 붉은 열매가 익어 벌어지면 황두 크기의 주홍색 씨가 가슴을 설레게 한다.

김시습이 목련꽃에 비유한 창이자는 국화과의 도꼬마리 열매를 말한다. 목련은 묘하게도 꽃과 잎 모양이 닮았다. 꽃잎은 잎처럼 두툼하다. 그런데 떨어진 꽃잎을 만져보면 스펀지처럼 푹신푹신한 느낌이다. 푹신푹신한 꽃잎은 여러 겹이기 때문에 불면 공기가 통한다. 그래서 목련꽃잎을 입에 대고 불면 마치 풍선처럼 부풀어 오른다. 봄철 목련꽃이 떨어지는 날, 나는 학생들과 꽃잎을 주어 풍선놀이를 즐긴다. 모두 목련꽃을 주워 입에 대고 부는 장면이 다소 우스꽝스럽지만, 식물 생태 놀이 중 최고의 즐거움이다.

소림小琳 조석진의 〈목련서금木蓮瑞禽〉에는 꽃 핀 목련 가지에 까치 한 마리가 앉아있다. 조석진은 안중식과 쌍벽을 이룬 대표적인 한국 근대 화가다. 그는 오원 장승업의 화풍을 직·간접으로 계승하면서 화원畵員 집안 출신답게 조선 화단의 전통을 고집스레 이어온 사람이다. 목련꽃에 상서로운 까치가 앉은 그림은 조선 말 오원 등이 애용한 것으로 알려져있는 폭 좁은 종폭의 화면을 나무줄기와 가지를 이용해 '지之'자 형태로 분할하고 그 중심에 새가 앉은 구도를 그대로 따르고 있다. 화제畵題는 다음과 같다.

변하여 금도장 되니 새로운 상서로움이요
은하수 향해 날아가니 옛길 나뉜다

화제의 내용은 중국 당말唐末 한악韓偓(844~923)이 길조인 까치의 덕성을 읊은 시의 일부를 옮긴 것이다. 그림 속 목련꽃은 만개한 것도 있고, 막 피는 것도 있다. 목련의 가지는 다소 뚱뚱해 보이는 까치의 몸무게 때문에 축 처진 것인지 모르겠지만, 땅에 닿을 듯하다. 땅에 가까운 가지에는 아직 목련꽃이 활짝 피지 않았다. 아마 땅 기운을 위로 올려주느라 늦는지도 모른다. 고종의 초상화를 그려 영춘 군수 정3품 벼슬을 받은 조석진은 이용우李用雨, 김은호金殷鎬, 이상범, 노수현盧壽鉉, 변관식卞寬植 등을 길러낸 교육자이기도 했다.

조석진의 제자였던 청전青田 이상범李象範(1897~1972)의 〈목련木蓮〉은 채색이라 담채와 느낌이 아주 다르다. 이상범의 목련꽃은 수줍기보다는 당당한 모습이다. 특히 한 송이는 꽃잎이 벌어진 모습인데 일종의 '파격'이다. 이런 파격이 스승이었던 심전心田 안중식의 영향과 남·북종의 절충 화풍에서 점차 향토색 깊은 독자적인 화풍을 개척하는 데 어떤 역할을 했을까. '손기정 선수 일장기 말살 사건'의 공모자로 연루된 점에서 알 수 있듯이 그는 곧은 마음을 가진 사람이었다. 그의 목련 그림에서도 그런 정신이 묻어있는 듯하다.

조석진, 〈목련서금木蓮瑞禽〉
하얗게 핀 목련 가지에 앉은
상서로운 새 한 마리가 일광욕하는 듯하다.
목련의 가지는 새의 무게를 이기지 못해
땅에 닿을 것 같다.

세상에서 가장 아름다운 붓, 목필로 그리는 세상

꽃은 피기 전에 봉오리를 맺는다. 꽃봉오리는 핀 꽃과 전혀 다른 감흥을 준다. 목련의 꽃봉오리 모양이 마치 붓을 닮아서 '목필木筆'로 불린다. 잔털로 감싸진 목련의 꽃봉오리는 하늘을 향하고 있다. 하늘의 기운을 마음껏 받아야 꽃을 피울 수 있기 때문이다. 나는 목련의 꽃봉오리를 세상에서 가장 아름다운 붓이라 생각한다.

목련의 꽃봉오리도 자신을 마음껏 그리고 싶을 게다. 누군들 한 세상 살면서 마음대로 살고 싶지 않을까. 평생 꼼짝 않고 한 자리에서 삶을 보내야 하는 나무이기에 매일 다른 곳에 가고플지도 모른다. 그런 꿈을 실현하는 방법 중 하나는 꽃봉오리로 갈 곳을 그리는 것이다. 그러나 최근에는 황사 때문에 꽃봉오리가 피기도 전에 떨어질 때가 있다. 일종의 요절이다. 천사 같은 목련꽃이 피기도 전에 땅으로 떨어지는 순간, 슬픔의 소리는 백두산을 흔들 만큼 크다.

설령 목련꽃이 피었더라도 열매를 맺기 전에 황사 때문에 떨어지는 경우가 많다. 못다 핀 목련꽃처럼 자신의 능력을 발휘할 기회조차 갖지 못한 채 방황하는 젊은이가 많다. 특히 자신의 의지와는 상관없이 황사 같은 외부 요인 때문에 능력을 발휘할 기회조차 갖지 못하는 경우가 적지 않으니, 참말로 참담한 현실이다. 황사에 떨어지는 목련의 꽃봉오리를 지키는 방법은 황사를 막기 위해 나무를 심는 것이다.

그림에 피어있는 하얀 목련꽃이 시들면 검게 변한다. 하얀 색에서 검은 색으로 변하는 목련꽃은 삶과 죽음의 변화를 극적으로 보여준다. 목련꽃이 검게 변하지 않으면 내년에 아름다운 목련꽃을 볼 수 없다. 나무를 사랑하는 사람은 검게 변한 목련꽃마저 하루 종일 쳐다보면서 행복한 시간을 보낸다. 나무를 존경하는 사람이 목련을 안고 하

이상범, 〈목련木蓮〉
하얀 목련꽃과 꽃 속 붉은 꽃술의 색 대비가 뚜렷하다. 벌써 꽃잎이 뒤로 처져 얼마 후면 떨어질 것이다. 목련꽃은 땅에 떨어져도 결코 추하지 않다.

늘을 보면 갑자기 잎이 아름다운 꽃으로 변한다.

    나는 목련 잎맥 보는 것을 즐긴다. 그림에는 잎맥이 없다. 화가도 목련꽃에 관심이 있지 잎에는 큰 관심이 없다. 그래서 목련 작품 중 잎을 강조한 그림은 아직 보지 못했다. 햇살이 잎을 비추면 잎 속을 훤히 볼 수 있다. 잎 속을 보면 나무의 속살을 보는 기분이다. 잎에 갈색 물이 들면 아름답게 늙은 사람의 피부처럼 멋있어진다. 가을에 목련 잎이 떨어져 바람에 날리면, 내 마음을 실어 사막으로 보내고 싶다. 사막에 목련 잎이 내려앉으면 황사가 잠잠해 질지도 모르니까.

움직이지 않고 움직이기

매일 길을 나서는 나무

나무는 갈 곳을 정하지 않고 매일 길을 나선다. 나무는 남이 먼저 간 길을 가기보다 자신의 길을 만든다. 사람들은 나무와 풀을 움직이지 않는다고 여겨 식물이라 이름 붙였지만, 이 세상에 움직이지 않는 존재는 없다. 그래서 나무가 땅에 뿌리 박고 사는 존재지만 세상 어디든 갈 수 있는 존재다. 뿌리를 움직이는 나무도 있지만, 나무는 대부분 땅에 뿌리를 굳게 내린 채 자신의 몸 일부를 다른 곳으로 보낸다. 나무가 몸 전체를 움직이지 않는 것은 그렇게 하지 않고서도 움직일 수 있는 방법을 터득하고 있기 때문이다. 나무는 뿌리를 움직일 수 없는 게 아니라 움직이지 않는 것이다.

　사람 중에도 많이 움직이지 않고서도 움직이는 법을 아는 존재가 있다. 자신의 호를 '처사處士'나 '거사居士' 혹은 '도인道人'으로 삼은 사람들은 대개 자신의 방식대로 살았던 사람이거나 살고자 꿈꿨던 사람이다. 자의든 타의든 이런 호를 가진 사람들은 어느 특정한 곳에 머물면서 나름대로 세상과 소통하는 법을 익혔다. 이런 자들이 주로 산속에 살았던 것도 나무와 닮고 싶어서였을까. 조선 중기 민간에서의 학문적 권위와 세력을 바탕으로 정치에 참여한 인물들을 '사림士林'이라 부르는 것도 이들이 산수를 즐기면서 학문에 전념했기 때문이다. 이들에게 산수는 고상한 인품을 심어주었고, 그들은 그런 이미지로 출세도 할 수 있었다.

그림으로 세상을 즐길 수만 있다면

중국 명대 장영張靈(?~?)도 그런 사람 중 하나였다. 장쑤성 오현吳縣(현재 소주蘇州) 출신이었던 그는 중국 명대 가정 시기嘉靖時期(1507~1566) 오파吳派의 문인화풍文人畵風 완성에 큰 영향을 미친 당인唐寅(1470~1523)과 이웃하면서 살았다. 당인은 심주, 문징명, 구영仇英(?~1552) 등과 더불어 '명사가明四家'라 불릴 만큼 미술사에 남긴 족적이 남달랐던 인물이다. 장영이 당인과 어울렸던 것은 동향 사람이기도 했지만, 처지가 비슷했기 때문이다. 당인도 '육여거사六如居士'라는 호에서 알 수 있듯이 소주에 은거하면서 그림으로 밥벌이 할 수밖에 없었던 사람이다. 장영은 재주가 뛰어났지만 당인처럼 세상이 그를 인정해주지 않았다. 장영이 뛰어난 재주를 가졌는데도 세상의 주목을 받지 못했던 이유는 과거 시험에 합격할 수 있는 기회가 매우 적었기 때문이다. 15세기 후반과 16세기 중엽에는 상당한 실력을 갖췄더라도 과거에 합격할 가능성이 그다지 높지 않을 만큼 경쟁이 치열했다. 그러니 벼슬길에 나아가지 못해도 크게 안타까워할 일은 아니었다. 당시 장영 같은 사람이

장영, 〈추림고사도秋林高士圖〉
가을날, 동구洞口에 서있는 선비의 자태가 곧다. 한 해가 저무는 시간, 선비는 다리 앞에서 누굴 기다리는 것일까. 세월은 기다리지 않아도 온다.

아주 많았기 때문이다. 더욱이 '궁하면 변하고, 변하면 통한다〔窮卽變, 變卽通〕'는 주역의 한 구절처럼, 어느 쪽 길이 막히면 자신의 능력을 발휘할 수 있는 또 다른 기회를 가질 수 있다.

은거하면서 가까이 할 수 있는 것 중 최고는 술이다. 장영은 당인과 함께 술을 즐기면서 세월을 삼켰다. 때론 알아주지 않는 세상을 비판하면서 자신의 처지를 그림으로 드러냈다. 장영에게 술과 그림은 마음의 울분을 뱉어내는 '하수구' 같은 것이었다. 장영의 〈추림고사도秋林高士圖〉는 그의 처지를 잘 대변하는 작품이다. 계절은 가을이고, 장소는 깊은 산중이다. 나뭇잎이 떨어지지 않고 물든 상태로 달려있는 것으로 보아 늦가을인 듯하다. 나무로 만든 다리 앞에 서있는 선비는 분명 장영 자신일 게다. 그는 누굴 기다리고 있는 걸까. 물론 그 누구를 기다리지 않아도 매일 문밖에 나와 다리 앞에 서있을 수 있다. 그러나 아무리 '고사高

士'라도 외로움을 완전히 이길 수 없는 법이고, 세상과 등지고 싶어도 온전히 등질 수 없다. 주인공 처지는 척박한 바위에 기대 살고 있는 나무처럼 절박할지도 모른다. 그러나 애써 태연한 모습으로 세상을 관조하고 있다.

주인공이 사는 집은 어디에 있을까. 큰 바위 오른편일까, 왼편일까. 바위 위 풀은 주인공의 수염을 닮았다. 풀이 짙은 것만 봐도 아직 가을이라는 것을 알 수 있다. 주인공이 서있는 모습과 건너편 작은 폭포만 봐도 주인공이 사는 곳이 바위 오른편임을 알 수 있다. 바위로 난 길도 그다지 좁지는 않다. 두 사람 정도 나란히 이야기를 나누면서 걸을 수 있는 폭이다. 그림의 상단 제시題詩에 주인공의 심정을 담고 있는 내용이 있을 법 하지만, 글씨가 작아서 해독이 어렵다. 다리 앞에 서있는 주인공을 보고 있으면, 불현듯 아내가 밥 지어 놓고 볼일 보러 나간 남편을 조마조마 기다리는 장면이 겹친다.

그림 속 계곡에는 물을 타고 내려온 단풍잎 하나 떠있다. 주인공이 단풍잎을 발견하는 순간, 일엽一葉으로 편주片舟를 만들어 그리운 사람을 만나러 떠나겠지. 누구나 편주를 타고 떠나버리고 싶은 심정일 때가 있고, 모든 것을 놓아버리고 훨훨 날아가 버리고 싶을 때가 있는 법이다. 그래서 나무가 잎을 떨어뜨리는 지도 모른다. 그래야 평생 한 곳에 머물러 살 수 있을 테니까. 그렇지 않으면 답답해서 견딜 수 없으니까.

중국 청대에 살았던 오력吳歷(1632~1718)은 시대는 다르지만 장영과 그다지 멀지 않은 장쑤 성 상숙常熟 출신이었다. 오력도 '묵정도인墨井道人', '도계거사桃溪居士'라는 호로 보아 장영과 같은 기질을 가지고 있다. 그런데 보통 그림쟁이와는 달랐다. 강희 27년(1688), 나이 쉰여

섯에. 천주교 영세를 받아 상해 등지에서 전교傳敎 활동을 하기도 했다. 이처럼 그는 서양 문물에 큰 관심을 갖고 있었다. 서양 화법을 수용한 것도 아주 자연스러운 일이다. 오력이 천주교 신자가 될 수 있었던 것은 그의 신앙심과 더불어 서양 문물 수용에 관대했던 강희제의 대외정책 덕분이었다.

오력의 〈풍강군안도楓江群雁圖〉는 단풍나무가 살고 있는 강가의 기러기 떼를 묘사하고 있다. 단풍잎은 대부분 떨어졌다. 잎 떨어진 강은 새색시 뺨처럼 볼그스레하면서 그윽하다. 단풍나무 주위엔 갈대가 추위에 온 몸을 드러낸 단풍나무를 감싸고 있는 듯하다. 단풍잎이 떨어졌으니 기러기도 떠나야 한다. 한 마리 기러기가 하늘로 날아가고 있다. 강가에 옹기종기 앉아 있던 기러기도 떠날 채비를 하고 있다. 얼마 후면 날아가는 기러기 떼, 즉 안행雁行을 볼 수 있을 것이다. 한 마리의 기러기는 오력 자신일지도 모른다. 아니면 한나라 소무蘇武가 비단에 쓴 편지를 기러기의 발에 묶어 한나라 무제武帝에게 보낸 것처럼 누군가에게 자신의 심정을 전하고 싶었을지도 모른다. 어쩌면 자신을 기러기 떼가 잘 때 자지 않고 경계하는 한 마리의 '안노雁奴'라 여겼을지도 모를 일이다. 그러나 풍강楓江의 사립문은 주인공이 외롭지만은 않다는 것을 상징적으로 보여준다. 사립문은 실제 문이 없고, 그냥 열려있다. 누구든 찾아오라는 주인의 속마음이다. 길 따라 큰 키 나무와 작은 키 나무가 객을 반길 것이다. 오른쪽을 걸어가면 어디엔가 강가

오력, 〈풍강군안도楓江群雁圖〉
단풍과 기러기가 가을임을 잘 드러내준다. 가을에는 산과 강도 텅 비어있다.
텅 빈 강물에 단풍잎 하나 떠내려간다. 일엽편주타고 어디론가 가고 싶은 계절이다.

김식, 〈단풍서조丹楓棲鳥〉
단풍나무 가지에 꼬리를 튼 한 마리 새가 유유자적하다. 그러나 단풍잎 중간에 앉은 새의 무게로 가지가 부러지지 않을까 걱정스럽다.

에 집 한 채가 나올 것이고, 주인은 항상 손님 맞을 술상을 준비하고 있을 터. 혹 손님이 찾지 않더라도 혼자서 즐기면 그뿐이다. 그는 왕시민王時敏(1592~1680), 왕감王鑒(1598~1677), 왕휘王翬(1632~1717), 왕원기王原祁(1642~1715), 운격惲格(1633~1690) 등과 함께 6대가로 꼽힐 만큼 우수한 화가였다.

김식金埴(1579~1662)의 호는 퇴촌退村이다. 그의 호에서도 중국 장영 및 오력과 유사한 풍모를 엿볼 수 있다. 김천 찰방察訪을 역임한 그는 가법家法을 이어 산수, 영모翎毛에 뛰어난 사람이다. 특히 그는 소를 잘 그렸다. 그는 양송당養松堂 김시金禔의 양자인 김봉선金奉先의 둘째 아들이다. 그의 〈단풍서조丹楓棲鳥〉는 단풍나무에 새가 앉아있는 모습이다. 새는 아주 긴 단풍나무 가지 중간에 앉아 뭔가를 주시하고 있다. 새가 앉은 단풍나무 가지에는 잎이 각각 두 개씩 달려있는 게 특징이다. 그런데 잎만으로는 무슨 단풍나무인지 알 수 없다. 단풍잎은 거의 같은 규격으로 여덟 갈래지만, 대부분의 단풍나무 잎은 이런 모습을 띠지 않는다. 새가 앉은 가지도 아주 독특하다. 가지는 아주 곧게 뻗어 끝에 두 개의 잎이 달려있다. 아마 새를 그리기 위해 의도적으로 그린 것처럼 보인다. 아니면 새가 앉을 자리를 만들기 위해 잎을 제거했을지도 모른다.

단풍잎에 누워 우주를 품다

요즘 긴 가뭄으로 물든 나무 잎을 종종 볼 수 있다. 물 부족으로 일찍 잎으로 보낼 물을 차단하기 때문이다. 나무는 생존하는 법을 잘 알고 있다. 생존의 법칙은 언제나 처절하지만, 나무는 공존이야말로 생존의 가장 중요한 원칙임을 잘 알고 있다. 그러나 세상은 공존의 법칙보다 생존의 법칙만을 조장한다. '절대적 생존법칙'이 아니라 '상대적 생존법칙'이 난무하는 세상은 희망이 없다.

나무는 잎을 떨어뜨려 자신의 삶을 영위한다. 특히 참나무 종류의 나무는 엄청난 잎을 떨어뜨려 자신은 물론 다른 존재에게도 겨울을 나게 한다. 지난 가을 울진 보부상길에서 동행한 사람들과 함께 상수리와 굴참나무가 떨어뜨린 잎에 누워 한참 동안 하늘을 보았다. 잔디에 누워 하늘을 본 적은 있지만 산에서 나뭇잎을 깔고 누워 하늘을 본 경험은 처음이었다. 세상에서 가장 아름다운 침대였다. 몸을 잎에 누이고 하늘을 보니 그렇게 아름다울 수가 없었다. 잎과 사람이 만나 생기는 소리도 세상에서 가장 아름다운 음악이자 축복이었다. 잠시 눈을 감으니, 한 그루 나무가 〈푸에블로 족의 축복〉 소리를 연주했다.

한 뼘의 땅일지라도 소중한 것을 지켜라.

홀로 서있는 한 그루 나무일지라도 그대가 믿는 것을 지켜라.

먼 길을 가야 하는 것이라도 그대가 해야만 하는 일을 하라.

포기하는 것이 더 쉬울지라도 삶을 지키라.

내가 멀리 떠나갈지라도 내 손을 잡으라.

벽오동을
심은 뜻은

알아야 믿지, 믿어야 살지

계절은 생명체의 삶을 변화시킨다. 사계절은 우리나라 사람의 심성과 풍속에 큰 영향을 주었다. 특히 매년 매우 더운 여름을 경험하면서 살아가는 나 같은 사람은 더운 여름을 경험하지 않는 사람과 뭔가 다를 수밖에 없다. 하충의빙夏蟲疑氷, 즉 여름의 벌레가 겨울의 얼음을 의심하듯, 몹시 더운 여름을 경험하지 않는 사람들은 더운 지역에 사는 사람들의 심정을 온전히 이해할 수 없다. 여름에 꽃피는 나무는 봄과 겨울에 꽃피는 나무를, 봄과 겨울에 꽃피는 나무는 여름에 꽃피는 나무를 온전히 이해할 수 없다. 서로 이해할 수 없다는 점에서는 피차일반이다.

상대방을 이해하는 방법 중 하나는 믿는 것이다. 《논어》에서 자하子夏(B.C 507~B.C.420?)가 얘기했듯, 군자는 믿음이 있은 뒤에 남을 부릴 수 있고 믿음이 있은 뒤에 간언할 수 있는 법이다. 공자도 제자들을

네 가지(文·行·忠·信)로 가르치면서 믿음을 빼놓지 않았다. 여름의 벌레가 겨울의 얼음을 의심하는 것은 자신이 본 것만 믿고 보지 않은 것은 믿지 않기 때문이다. 나무를 공부하면서 느끼는 것 중 하나도 존재에 대한 믿음 없이는 한 존재를 온전히 이해하기 어렵다는 점이다. 일 년 동안 한 종류의 나무를 관찰하더라도 온전히 이해하기는 어렵다. 그러나 나무의 생태를 이해하지 않고서는 믿는 것도 쉽지 않다. 무조건 믿는 것도 문제니까. 최대한 상대방의 입장에서 생각하는 태도가 무엇보다도 중요하다. 나무의 입장에서 생각하는 버릇을 기르면 한층 나무를 이해하기 쉽다.

벽오동 아래 발을 담그니, 거문고 소리 들리네

더운 여름을 이기는 방법은 아주 많다. 그중 많은 사람이 즐겨 사용하는 방법은 숲이 있는 계곡을 찾는 것이다. 숲이 없는 계곡보다 숲이 있는 계곡이 훨씬 시원하기 때문이다. 중국 명대의 화가 심주의 〈동음관족도桐蔭灌足圖〉에서 여름을 이기는 방법 중 하나를 확인할 수 있다. 그림은 벽오동 그늘 아래서 어느 귀한 분이 발을 담그고 있는 모습이다. 시중드는 사람이 뭔가 가져오는 모습도 보인다. 깊은 골짜기에서 내려오는 물에 발을 담그고 있는 모습이 아주 우아하다. 벽오동 옆에 살고 있는 한 그루의 소나무도 벽오동만큼 멋있다. 특히 소나무를 안고 있는 나무는 벽오동과도 사랑을 나누고 있다. 소나무 옆 나무에 잎이 물든 모습이나 잎 떨어진 나무들을 보면 여름이 끝나는 장면이다. 그런데 두 그루 벽오동 잎이 아주 무성한 것으로 보아 아직 가을이 무르익지는 않았나 보다. 더욱이 산속에서 발을 물에 담그고 있을 정도

심주, 〈동음관족도桐蔭灌足圖〉

벽오동나무 그늘 아래
발을 씻는 모습이
선녀처럼 아름답다. 그러나
산속의 초가을은 물이 차다.
주인공은 찬 물에 발을
담그고 속세의 묵은 때를
씻고 있는 것일까.

면 더위를 식히고 있는 게 분명하다. 중국 원산의 벽오동은 여름에 꽃 피고 가을에 열매를 맺는다.

옛날부터 물가의 오동나무로 만든 악기를 최고로 여겼다. 사람들은 물가의 오동나무로 거문고를 만들면 지상에서 가장 아름다운 소리를 낸다고 믿었다. 물가의 오동나무가 좋은 소리를 내는 것은 아마도 물소리를 듣고 자랐기 때문일 것이다. 일 년 동안 물소리를 듣고 자란 오동나무는 자연스럽게 물의 기운을 받아 일찍부터 음악적 소질을 기를 수 있다. 그래서 음악을 좋아하는 사람들은 오동나무를 '동군桐君'이라 부른다. 대나무와 오동나무처럼 나무에 '군'을 붙이는 것은 사람처럼 가깝게 여긴다는 뜻이다. 이런 나무에 대한 인문학적 태도가 생태의 기본이다.

나는 세상에서 가장 아름다운 글자를 '여如'와 '여與'라 생각한다. 오동나무를 '군'으로 표현한 것은 사람과 '같이如' 혹은 '함께與' 여긴다는 뜻이니, 완벽하지는 않지만 적어도 평등한 관계, 수평적인 관계를 설정할 뜻이 있다는 것이다. '여일如一', '여래如來'와 같은 단어에서도 보듯 같이한다는 것, 동행한다는 것은 사람이 추구하는 최고의 경지이다. 오동나무와 한 몸이 되겠다는, 나무와 함께 한 몸이 되겠다는 의식이야말로 최고의 생태 의식이다. 두 그루의 벽오동은 흐트러짐 없는 곧은 선비의 모습이다. 그런 나무 그늘 아래서 발을 씻는 것은 주인공이 은일사상隱逸思想을 갖고 있음을 보여준다. 이런 류의 작품은 중국의 북송 때부터 자주 등장하지만, 조선에서는 중기 전후 혹은 후기의 작품 중에 찾아볼 수 있다. 예컨대 이경윤李慶胤(1545~1611)의 〈고사탁족도高士濯足圖〉, 이정李楨(1512~1571)의 〈노옹탁족도老翁濯足圖〉, 필자 미상의 〈고승탁족도高僧濯足圖〉, 조선 후기 최북崔北(1712~1786?)의 〈고사탁족도〉 등에서도 심주의 작품과 같은 분위기를 느낄 수 있다.

중국 청대 냉매冷枚(?~?)의 〈오동쌍토도梧桐雙兎圖〉는 벽오동 아래 두 마리의 토끼를 묘사한 그림이다. 이 그림은 벽오동보다 토끼가 돋보인다. 그러나 만약 벽오동이 없다면 두 마리의 토끼가 쓸쓸해 보일 것이다. 벽오동을 조금만 더 돋보이게 그렸다면 어땠을까. 이 그림에 등장하는 벽오동은 줄기의 모습으로 보아 상당히 나이가 많은 노목이다. 벽오동은 기암괴석에 살고 있는 듯하다. 높게 뻗은 바위가 벽오동이 심심유곡에 살고 있음을 말해준다. 벽오동 옆 어디엔가 정자도 있는 모양이다. 낮은 울타리가 있는 것으로 보아 밑에는 물길이 꽤 깊은 강물이 흐르고 있을 것이다.

냉매, 〈오동쌍토도梧桐雙兎圖〉
두 마리의 토끼는 벽오동이 있는 집에 살고 있다. 세상에서 가장 좋은 토끼집이 아닐까. 들꽃도 만발했으니 토끼들이 곧 후계자를 준비할 것이다.

계절은 구절초九節草가 한창 피어있는 여름이다. 두 마리의 토끼는 서로 사랑하는 사이다. 수놈이 암놈을 사랑스런 눈빛으로 바라보고 있고, 벽오동은 막 목욕을 마치고 나온 두 마리 토끼가 사랑하는 모습을 지켜보고 있다. 벽오동은 사랑의 보금자리를 지켜주는 수호신이

다. 구절초는 두 마리 토끼의 신방을 더욱 아름답게 꾸며주고 있다. 아마 돌계단 어디선가 벌레들이 신방을 훔쳐보느라 숨을 죽이고 있을 지도 모른다. 토끼들이 살고 있는 마당이 정갈하다. 주인 성격도 정갈한 마당을 닮았겠지. 마당으로 내려가는 돌계단은 마치 책을 쌓아놓은 모습이다. 돌계단 양 옆에도 꽃이 피었다. 토실토실한 토끼의 몸매를 보니, 불현듯 〈산토끼〉 노래가 생각난다. 〈산토끼〉는 나의 고향 창녕에서 탄생했다.

　홍난파와 같은 시대에 살았던 이일래李一來(1903~1979) 선생은 1928년 암울했던 일제강점기 이방초등학교 재직 시절에 이 노래를 만들었다. 나는 몇 년 전에서야 어린 시절 〈오빠 생각〉과 함께 〈산토끼〉를 만든 분이 이일래 선생이라는 것을 알았다. 이방초등학교에는 현재 2007년에 세운 선생의 동상과 음악비가 있지만, 선생을 기억하는 사람은 거의 없다. 친일파였던 홍난파는 기억하면서 민족운동가 이일래를 기억하는 사람이 드문 게 우리의 현실이다. 그래서 나는 창녕에 갈 때마다 반드시 이곳을 찾는다. 찾는 사람들은 이일래 선생의 동상과 노래비를 보는 순간 자신의 무지에 놀란다.

청대 산둥山東 교주膠州 출신이었던 냉매의 자는 길신吉臣, 호는 금문화사金門畵史다. 그는 산동 제령濟寧 출신의 초병정焦秉貞(?~?)의 수제자였다. 냉매의 스승인 초병정은 강희제의 경직도耕織圖를 그린 사람으로 유명하다. 그는 인물, 사녀仕女, 옥우屋宇, 누각樓閣에 뛰어난 스승의 화풍을 계승했으며, 강희 50년(1711) 〈만수성전도萬壽盛典圖〉 편찬에 참여했다.

한말 소림 조석진의 〈화조영모도花鳥翎毛圖〉에도 벽오동이 등장한다. 그림 상단의 '오동폐월梧桐吠月'은 개가 벽오동 아래서 달을 보고 짖는다는 뜻이다. 그림 속 벽오동은 줄기에 비해 가지가 적은 편이다. 마치 내가 살고 있는 인근 공원의 벽오동과 무척 닮았다. 작가가 벽오동의 줄기에 비해 가지를 적게 그린 것은 아마 보름달을 그리기 위해서일 것이다. 보름달이 벽오동 가지에 감싸인 모습이 한층 운치를 더한다. 개는 왜 보름달을 보고 짖을까. 달 속의 토끼를 보고 짖는 것일까. 아니면 달이 밝아 잠을 이루지 못해서일까. 혹 지난날 사귀었던 연인이 생각나서일까. 김득신金得臣(1754~1822), 장

조석진, 〈화조영모도花鳥翎毛圖〉
아주 키가 큰 벽오동 가지에 걸린 보름달을 보고 소리 지르는 개의 마음이 궁금하다. 개의 눈에는 보름달만 보일지도 모른다. 그래서 개에겐 보름달이 무척 낯설다.

승업도 〈오동폐월〉을 남겼듯이, 이 장면은 매우 아름다운 풍속도다. 이 작품을 보니 어린 시절 가을 달밤에 개와 함께 보리밭을 헤매고 다녔던 기억이 새롭다.

　벽오동 근처에 이름 모를 풀꽃도 달빛에 잠을 이루지 못하고 있다. 그러나 달빛 때문에 잠을 이루지 못하는 것은 아니다. 개가 달을 보고 짖는 것은 누군가를 애타게 그리워하기 때문일지도 모른다. 이름 모를 풀꽃도 달빛에 잠 못 이루는 게 아니라 그리움에 사무쳐 잠 못 이룰지 모른다. 조석진의 〈화조영모도〉에는 벽오동이 두 그루다. 한 그루는 몸 전체가 아니라 줄기만 보일 뿐이다. 눈에 보이지 않더라도 벽오동의 모습을 상상할 수 있다. 나무줄기로 보아 두 그루의 나무는 거의 비슷한 크기와 수형일 가능성이 아주 높다. 이 작품 속의 벽오동은 두 그루가 나란히 서 있는 심주의 벽오동과 달리 이주교형二株交形이다.

벽오동을 그리는 이유

세 작품에 등장하는 오동은 실제로는 모두 벽오동이다. 그림 속 벽오동의 줄기는 곧다. 일상에서 만나는 벽오동의 줄기도 곧다. 어린 벽오동의 껍질은 매끈하지만 어른으로 성장하면서 까칠해진다. 그만큼 세상을 살면서 온갖 풍파를 겪기 때문이다. 나는 인근 공원의 벽오동을 만날 때마다 안아본다. 벽오동을 안고 하늘을 올려다보면 하늘이 더 푸르러 보인다. 나는 공원에서 벽오동 모습을 관찰하기 위해 자주 사진을 찍는다. 나의 소박한 꿈은 일 년 동안 이곳에 머물면서 벽오동의 삶을 관찰하는 것이다. 같은 장소에서 한 그루의 삶을 관찰하는 여유를 가질 수 있다면 얼마나 행복할까. 일 년 동안 한 그루의 나무만 바라보면서 살면 한 존재를 마음에 온전히 심을 수 있을지도 모른다.

벽오동은 한 인간의 삶을 변화시킨다. 우리의 선조들이 벽오동을 보면서 원대한 꿈을 꾼 것만 봐도 알 수 있다. 벽오동이 열매를 배처럼 만든 것은 콩알처럼 생긴 씨앗을 배에 태워 멀리 보내기 위함이다. 벽오동은 후손을 위해 씨앗을 멀리 보내야만 마음이 편하다. 선조들이 벽오동을 사랑한 것은 이 나무가 씨앗을 배에 태워 멀리 보내는 모습을 보면서 무거운 어깨를 잠시나마 가볍게 하고 싶었기 때문이리라. 벽오동을 그린 사람들도 그런 마음이었을 것이다.

내가 사는 팔공산 동화사桐華寺도 오동 꽃이 만발하는 사찰이다. 동화사로 들어가는 누각은 '봉황이 앉는다'는 뜻을 가진 봉서루鳳棲樓다. 동화사 주변에는 오동나무와 벽오동이 살고 있다. 나는 사진을 찍을 때도 반드시 오동나무를 넣는다. 대불大佛이 없어도 사찰 자체가 꿈과 희망을 상징한다. 마음에 그리움 가득 채워 봉서루로 들어가는 순간 극락이다.

사랑도 평등할 때 아름답습니다

꽃을 차별하지 마라

사람들은 불평등이 최고조에 달할 때 평등을 꿈꾼다. 많은 사람이 유사 이래 평등 사회를 만들기 위해 노력했지만, 평등 사회는 좀처럼 실현되지 않는다. 지금도 많은 사람이 평등 사회를 꿈꾸고 있지만 대부분 평등을 물질의 평등으로 평가한다. 물질적 평등은 인간의 본성상 절대 실현할 수 없는 허망한 꿈이다. 인간이 추구할 평등은 무엇보다도 '가치의 평등'이어야 한다. 인간은 태어나면서부터 똑같은 가치를 지니고 태어났으면서도 인간은 스스로 천부의 가치를 부정하면서 같은 존재마저 지배했다. 사람마저 차별하는 상황에서 다른 생명체에 대한 차별은 말할 필요조차 없다. 지금도 차별은 계속되고 있다. 생태가 세계의 주요 문제로 부각한 지금도 차별은 줄지 않고 있다. 이러한 현상은 생태 문제를 다루면서도 생명체에 대한 가치의 평등을 깊게 고민하지 않기 때문이다. 완벽하게 가치의 평등을 구현할 수는 없지만, 적어도 아주 쉬운 문제부터 실천하는 태도가 필요하다. 흔히 못생긴 사람을 호박꽃에 비유한다. 무심결에 표현하는 이런 말이 가치의 평등을 어렵게 만든다. 못생겼다고 하면 그만인 것을, 하필 죄 없는 호박꽃에 비유하는지 알 수 없는 노릇이다.

모란에 미친 사람들

옛 사람들은 모란을 '꽃 중의 꽃'이라 불렀지만, 꽃은 우열이 없다. 한번 꽂히면 뒤돌아보지 않는 게 사람의 심리라, 모란에 대한 지식인들의 집착은 중국 북송 시대北宋時代 주돈이周敦頤(1017~1073)가 《애련설愛蓮說》을 세상에 내놓을 때까지 계속되었다. 주돈이의 애련설에 따르면, 사람들이 모란을 사랑한 것은 당나라 이후였다. 주돈이의 《애련설》로 중국의 성리학자는 물론 우리나라 성리학자들도 무척 연을 사랑하게 되었지만, 지식인들의 모란에 대한 애정은 결코 식지 않았다.

중국 원대元代 왕연王淵(?~?)의 〈목단도牧丹圖〉는 만개한 모란꽃과 막 피는 모란꽃이 대비를 이루는 그림이다. 그런데 만개한 모란꽃은 탐스럽기보다는 처연한 느낌이다. 그래서인지 꽃잎도 아주 크다. 그림의 모란꽃이 처연한 또 다른 이유는 모란의 가지가 살아있는 게 아니라 잘려있기 때문이다. 잘린 가지의 꽃은 만개했지만, 벌써 잎이 시들고 있다. 다른 가지에는 막 피어날듯 한 모란꽃이 탐스러워 흥분을 자아내지만, 만개한 꽃보다 더욱 슬프다. 가지가 잘렸으니 꽃봉오리는 필 수조차 없기 때문이다. 자신의 뜻조차 펼쳐보지 못하고 생을 마감하는 자의 심정을 어떻게 헤아릴 수 있을까. 왕연은 왜 가지가 잘린 모란을 그렸을까. 자신의 처지를 상징적으로 보여주기 위한 것인가,

왕연, 〈목단도牧丹圖〉
가냘픈 가지에 풍만한 모란꽃이 처연하다. 아직 피어나지 못한 꽃봉오리는
자신의 꿈도 펼치기 전에 떨어져야 한다. 그림의 주인공이 모란의 가지를 꺾었기 때문이다.

아니면 누군가가 꺾은 것을 그냥 그린 것일까.

저장浙江성 전당錢塘(지금의 항주) 출신인 왕연의 작품은 모란꽃과 함께 잎이 선명하다. 특히 이 그림에서는 잎의 앞면과 뒷면을 모두 볼 수 있다. 대부분의 모란 그림은 꽃을 강조하기 때문에 잎의 특징이 잘 드러나지 않는다. 모란의 잎은 뒷면에 흰빛이 돈다. 왕연의 작품에서도 모란 잎의 특징이 잘 드러난다.

왕연은 원대 최고의 예술가였던 조맹부趙孟頫(1254~1322)의 지도를 받았다. 그의 산수화는 곽희에게 배웠고, 인물화는 당나라 화풍을 이어받았다. 그의 화조花鳥는 오대五代 황전에게 배웠다. 특히 그의 묵필 화조와 죽석竹石은 당시 사람들에게 '절예絶藝'라는 평가를 받았다.

청대 진탁陳卓(?~?)의 〈옥당부귀도玉堂富貴圖〉는 왕연의 그림과 사뭇 다른 분위기다. 이 그림은 모란을 주제로 삼았지만 모란 옆의 목련도 결코 모란에 뒤지지 않을 만큼 관심을 끈다. 함께 피어있는 모란꽃과 목련꽃은 봄 분위기를 자아내고도 남는다. 진탁의 모란 작품은 흰 꽃만이 아니라 붉은 꽃도 있다. 현재 우리나라에서 주로 볼 수 있는 모란꽃은 흰 게 아니라 붉은 것이다.

강가 바위틈에 피어있는 모란과 목련이 내 눈을 사로잡는다. 가지를 강가로 뻗은 흰 모란의 자태가 요염하다. 이 작품에서는 흰 꽃보다는 붉은 꽃이 감상자의 눈을 사로잡지만, 몸매가 드러나지 않은 게 아쉽다. 혹 몸매를 감추어 궁금증을 자아내려는 의도인지 모르지만, 나는 몸매를 드러낸 흰 꽃에 눈이 쏠린다. 진탁의 작품은 꽃을 강조한 나머지 잎은 잘 드러나지 않는다. 진탁은 북경 출신이지만, 오랫동안 남경에 살았다. 그는 산수, 인물, 화초에 뛰어났다. 진조영秦祖永은 진탁의 산수화를 "천구만학千丘萬壑을 모두 송대 화가처

진탁, 〈옥당부귀도玉堂富貴圖〉
바위틈에 핀 모란이 무척 우아하다.
하얀 모란꽃이 고목의 하얀 목련꽃과
잘 어울린다. 바위, 모란, 목련 등이
마치 봄의 왈츠를 연주하는 것처럼 아름답다.

럼 정밀하게 묘사했으나 원나라 화가처럼 아주 빼어나지는 않다."고 평가했다.

그림에 대한 평가는 보는 사람에 따라 얼마든지 다를 수 있다. 그래서 진조영의 진탁에 대한 평가도 한 사람의 견해에 지나지 않는다. 그의 〈옥당부귀도〉는 그림의 위쪽에 목련을, 아래쪽에 모란을 배치해서 목련과 모란이 조화를 이루고 있다. 이 그림은 전체 화폭 중 모란이 3분의 2를 차지하고 있다. 그림 속의 모란은 바위와 어우러져 여느 모란 그림과 달리 풍성한 느낌보다는 세련된 느낌을 준다. 모란과 짝을 이루는 목련은 마치 고목 매화처럼 휘어져있는 게 예사롭지 않다. 목련에 앉아있는 한 마리 새는 무심하다. 목련꽃 향기를 맡으면서 세상을 응시하는 자태가 언제나 평상심을 유지하고 있는 도인 같다.

남계우의 〈화접도花蝶圖〉는 대련對聯 작품이다. 이 작품의 한 폭은 모란이고, 다른 한 폭은 국화다. 모란은 봄을, 국화는 가을을 상징하니 이 그림은 사실 일 년을 드러낸 작품이다. 그런데 이 작품의 중심은 제목에서 보듯이 모란과 나비다. 만개한 모란꽃에 형형색색의 나비가 날아드는 모습이 장관이다. 이런 장면이 남계우 그림의 특징이다. 그는 특히 나비 그림에 뛰어나 '남호접南胡蝶'으로 불릴 정도였다. 그의 그림은 부드럽고 섬세하다. 그림 속 모란꽃과 잎이 매우 사실적이다. 수술까지 선명하게 볼 수 있다. 붉은 모란과 흰 모란의 대비도

남계우, 〈화접도대련花蝶圖對聯〉
흰 모란과 붉은 모란, 흰 국화와 붉은 국화의 대비가 돋보인다. 향기가 없다는 이유로 대부분 모란 그림에는 나비가 없다. 하지만 이 작품에는 나비가 날아들어 모란의 진면목을 보여주고 있다.
남계우의 나비 그림은 단순한 묘사가 아니라 종에 걸맞는 무늬를 세밀하게 그렸기에 도감으로서의 가치도 충분하다.

눈을 즐겁게 만든다.

  남계우의 모란 그림은 꽃을 강조한 나머지 줄기는 거의 보이지 않는다. 잎은 꽃을 감싸고 있지만 풍만한 꽃에 가려 눈길을 끌지 못한다. 이 작품속의 모란 잎은 앞면만 보이고 뒷면은 보이지 않는다. 아마 바람이 불지 않았거나 나비의 몸짓이 약했을지 모른다. 그런데 나비들이 모란꽃을 탐하고 있지만, 열 마리의 나비 중 한 마리만 모란꽃에 들어왔을 뿐 다른 나비들은 주위를 맴돌거나 다른 곳에 관심을 두고 있다. 더욱이 붉은 모란꽃 주위의 두 마리 나비는 사랑 놀음에 정신이 팔려있다. 사랑을 나누는 나비들이 꽃에 관심이 없는 것인지, 아니면 꽃을 탐한 뒤 여유롭게 사랑을 나누고 있는 것인지.

모란이 지면 나비도 떠난다

모란이 지면 나비도 떠난다. 나비는 날기 때문에 나비일지도 모른다. 그러나 모란이 피면 나비도 나는 것을 멈추고 앉아야 한다. 모란은 날지 못한다. 그러나 나비의 몸을 빌려 마음껏 날 수 있다. 모란은 나비를 유혹하고, 나비는 모란을 탐닉한다. 서로 유혹하고 탐닉할 때 진정한 사랑이 익어간다. 그러나 모란과 나비의 사랑은 매미처럼 짧다. 인간을 제외한 동물과 식물 간의 사랑은 대부분 짧다. 그러나 짧은 사랑이지만, 그들의 사랑은 언제나 뜨겁다. 그들의 사랑이 뜨겁지 않다면 남은 삶을 견딜 수 없을 것이다. 온몸을 바친 사랑의 여운으로 그 어떤 외로움도 견뎌내는 것이다.

  나비가 두 날개로 날듯이 나비와 모란도 어느 누군가에게 기대야 살 수 있다. 그러나 누군가에게 먼저 어깨를 내줄 때만이 누군가의 어깨에 기댈 수 있다. 구태여 장자의 '호접지몽胡蝶之夢'을 떠올리지 않더라도 물物과 물物의 관계는, 모란과 나비의 물아일체, 곧 한 몸이다. 한 몸이기에 평등하다. 그래서 사랑도 언제나 평등할 때만 아름답다.

　모란은 떨기나무, 즉 관목灌木 혹은 총목叢木이다. 떨기나무의 특징은 더불어 산다는 것이다. 큰 키 나무는 독립해서 살 수 있는 독립수지만, 떨기나무는 대부분 혼자서 살 수 없는 운명이다. 나는 서로 기대어 살아가는 떨기나무를 좋아한다. 독립수는 다른 존재에 기대면서 살지만, 떨기나무는 자기들끼리 기대야만 살아갈 수 있는 존재라서 애잔하다. 그림에는 모란의 줄기가 그다지 드러나지 않지만 땅에 박고 있는 뿌리마저 밖으로 나와있다. 그만큼 뿌리가 깊지 않다는 것이고, 땅에 깊게 뿌리를 내리지 못하니 한층 서로에게 기대야만 살아갈 수 있는 말이다. 누군가와 어깨를 나란히 하면서 살아갈 수 있는 것도 큰 행복이다. 모란꽃이 땅에 뚝뚝 떨어지고, 잎마저 바람에 뒹굴지라도 서로의 몸을 기대면 어떤 시련도 이길 수 있다.

'비움'을 통한
득음의 기술

지금도 고향 대나무 숲에는

대나무를 생각하면, 고향 이웃집 대나무 숲에서 지네를 본 기억과 소나무 뿌리 근처에서 말똥구리를 잡다가 지네에게 물린 아픔이 되살아난다. 지금도 고향 대나무 숲에는 지네에 물린 기억 때문에 쉽게 들어가지 못하지만, 대나무 숲은 지네에 대한 아픈 기억이 없더라도 쉽게 들어갈 수 없는 곳이다. 왜냐하면 울창한 대나무 숲에는 한낮에도 햇빛이 거의 들어오지 않아 컴컴하기 때문이다.

　대나무 숲은 흔히 '대밭'이라 부른다. 대나무 숲을 대밭으로 바꿔 부른다는 것은 이 숲을 곡물을 생산하는 밭처럼 생각한다는 의미다. 소나무 숲을 소나무 밭으로 불렀던 것과 같은 이치다. 이 같은 개념은 그만큼 대나무가 사람들의 생명 유지에 큰 도움을 주고 있기 때문에 생긴 것이다. 대밭에 들어가 대나무를 보면 뿌리가 땅위로 올라와있다. 서로 얼기설기 얽혀 균형을 잡고 있음을 알 수 있다. 그래서 대나무는 바람이 세차게 불어도 잘 넘어지지 않는다.

산기슭의 대나무는 손님을 맞이하는 신령스러운 나무였다. 정월에 어머니는 이곳의 대나무 가지를 꺾어 대문 앞에 꽂아두었다. 중국 고대부터 새해가 되면 대문에 대나무를 꽂는 풍속은 있었지만, 푸른 대나무 가지는 새로운 생명을 상징한다. 동네 어딘가에 큰 대나무가 보이면 그 집은 무당집이다. 무당도 한 마을의 액운을 막아주는 사람이다. 하늘 높이 곧게 올라간 대나무는 하늘의 기운을 가장 먼저 받는 존재고, 사람들은 그런 기운을 가진 대나무는 존경했다.

중국 명대 이사달李士達(?~?)의 〈죽림삼로도竹林三老圖〉에서는 노인 세 명이 대나무 숲의 맑은 공기를 만끽하고 있다. 대나무 숲길에서 세 명의 노인이 노니는 모습이 무척 한가롭다. 담양의 죽녹원에서 만끽할 수 있듯이 길가에 대나무가 있다는 것만으로도 마음이 시원해진다. 사람들은 대나무를 집 뒤편에 심기도 하지만 입구에 심기도 한다. 그림의 대나무는 아마 집 입구가 아닐까. 소나무 근처에 바위와 풀, 그리고 바위 근처의 작은 대나무 한 그루도 분위기를 돋운다. 대나무 숲 주변에는 소나무 외에 다른 생명체가 거의 보이지 않는다. 사실 대나무 숲에는 햇빛이 잘 들지 않기 때문에 다른 생명체가 거의 살 수 없다. 죽림은 군더더기 없이 대나무 껍질처럼 깔끔하다. 이사달의 성품도 대나무와 닮았으리라.

이 그림은 대나무보다 소나무가 사람들의 눈을 사로잡는다. 이사달이 대나무와 함께 소나무를 그린 것은 두 나무가 선비를 상징하기 때문이다. 소나무를 매우 곧게 그린 것도 자신의 뜻을 대변하고 있는지 모른다. 소나무의 자태가 마치 요가 중인 선승禪僧 같다. 가지가 대나무와 맞닿게 하려는 의도일지도 모르지만, 이런 소나무를 볼 수 없는

**이사달,
〈죽림삼로도竹林三老圖〉**

대나무 숲에 세 사람이
모여 노니는 모습이
중국 동진시대의
죽림칠현을 연상시킨다.
붉은 색의 소나무가
세 사람의 얘기가
궁금한지 이들을 향해
고개를 돌렸다.

것은 아니다. 나무는 무한정 위로 올라갈 수 없다. 뿌리로 견딜 수 있을 만큼만 올라간다. 그렇지 않으면 언제 쓰러질지 모르기 때문이다. 한 그루의 소나무는 이곳을 지나가는 사람들의 기준, 즉 지남指南이다. 나무는 햇빛을 많이 받기 위해 가지를 남쪽으로 뻗는다. 그래서 가지를 보면 방향을 알 수 있다. 소나무가 살아가는 태도는 사람들이 본받을 나침반이다. 길 입구에서 대나무와 소나무를 만나는 순간, 사람들의 태도는 달라진다.

명 만력 시기 장쑤성 소주 출신인 이사달의 호는 '앙괴仰槐'다. '회화나무를 우러러 본다'는 뜻이다. '학자수'로 불리는 회화나무는 선비의 상징이다. 이사달은 이름과 호 모두 선비와 관련이 있다. 선비는 책임의식을 강하게 가진 자다. 그가 살았던 만력 시대는 부패한 권력과 환관의 전횡 때문에 백성들이 살아가기 무척 힘들었으며, 화가들도 자신의 이상을 제대로 펼칠 수 없었다. 산수화와 인물화에 뛰어난 이사달도 그런 분위기에서 완전히 초탈할 수 없었다. 그러나 그는 자신의 그림에 대한 자부심이 대단했다. 만력제가 환관의 우두머리인 손융孫隆을 소주부와 상주부에 파견해서 재산을 갈취하고 화가들마저 불러 모아 그림을 그리게 했다. 대다수 화가들은 권력에 굴복해서 마지못해 그림을 그렸지만, 이사달은 끝내 응하지 않았다. 아울러 그는 산수화에 대한 나름의 입장을 가지고 있었다. 그는 산수화에는 오미五美와 오오五惡가 있다고 생각했다. 오미는 창蒼, 일逸, 기奇, 원遠, 운韻이고, 오오는 눈嫩, 판板, 각刻, 생生, 치癡이다.

옛 선비들은 대나무가 바람과 즐기는 모습에서 행복을 찾곤 했다. 중국 청초 석도의 〈임풍소도臨風嘯圖〉에서 대나무와 바람이 바람 피우는 장면을 볼 수 있다. 이 그림은 대숲에서 피서하면서 그린 작품이

다. 지네만 없다면 대숲만큼 더위를 식히기에 적합한 곳도 많지 않다. 그림 속 짙은 잎과 옅은 잎의 조화가 진국이다. 바람에 휘날리는 대나무 가지와 잎이 날렵하게 장애물을 넘는 높이뛰기 선수 같다. 대나무 옆 작은 풀도 바람의 유혹에 못 이겨 몸을 비틀고 있다.

   석도의 그림에 등장하는 대나무는 약간 굽은 모습이다. 바람과 상관없이 대나무 자체가 굽었다. 대나무는 곧은 자세의 대명사처럼 불리지만, 대나무에도 굽은 게 있다. 세상은 곧은 자세로만 살아갈 수 없다. 더욱이 곧은 자세라고 해서 속마저 곧기만 한 것도 아니다. 때로는 굽을 줄 알아야 곧게 살 수 있다. 대나무인들 좀 굽은 자세로 살고 싶지 않을까. 살다보면 지치고, 지

석도, 〈임풍소도臨風嘯圖〉
대나무가 바람을 만나니
소리를 내는구나.
바람을 심하게 맞은
대나무 잎은 누렇게 바랬다.
바람맞은 대나무 잎의
색 대비가 절묘하다.

치다보면 일탈하고 싶은 게 생명체의 속성이다.

　좋은 벗은 뜻을 같이하는 사이다. 그래서 나는 '동지同志'라는 말을 좋아한다. 공자가 "친구가 멀리서 오면 이 또한 즐겁지 않은가〔有朋自遠方來不亦樂乎〕."라는 말을 구태여 상기하지 않더라도 뜻을 같이하는 친구가 있다는 것만으로도 살 만한 세상이다. 그러나 평생 뜻을 같이하는 친구를 늘 만나기란 결코 쉽지 않다. 조선 중기의 이항복李恒福(1556~1618)과 이덕형李德馨(1561~1613), 즉 오성과 한음은 돈독한 우정으로 후세에 귀감이 되었다. 그런데 친구는 사람만 가능한 게 아니다. 동물도 가능하고 식물도 좋은 친구가 될 수 있다. 윤선도가 대나무를 벗으로 삼은 것처럼 사람들은 일찍부터 식물을 벗으로 삼았다. 대나무는 벗으로 삼기에 아주 매력적인 존재다. 한 번 보면 바로 반해버리는 그런 매력을 지녔다. 그래서 수많은 시인 묵객이 대나무를 짝사랑했다. 짝사랑만큼 어리석은 것도 없지만, 그만한 행복도 없다. 짝사랑은 상대의 감정과 관계없이 독락獨樂할 수 있기 때문이다. 식물을 마주하면서 혼자서 즐길 수 있는 사람은 행복하다.

　한음 이덕형이 〈묵죽墨竹〉을 그리면서 많은 시간을 혼자서 보냈을 것이다. 문인의 그림은 곧 마음공부다. 그림 속 대나무가 아주 얌전하다. 수줍은 듯 고개 숙인 죽엽이 아름답다. 잎의 농담濃淡도 입맛을 자극한다. 대나무 윗부분을 화면 가득히 그린 것은 대나무 외에 다른 것에 관심을 갖지 말라는 뜻일지도 모른다. 한 곳에 집중해서 깨달음에 이르는 '경敬'을 암시할 지도 모를 일이다.

　대나무는 한음의 작품처럼 일부분만으로도 그림과 깨달음의 대상이다. 대나무는 부분만 봐도 전체를 알 수 있는 존재다. 무심히 그림 속 대나무 마디를 보고 있노라면 마디마디마다 자신의 성깔을 표시해

이덕형, 〈묵죽墨竹〉
묵으로 그린 대나무가 주인공을 닮아
무척 단아하다. 짙고 엷은 대나무 잎은
가을날 기러기가 떼를 지어 날아가는 모습 같다.

둔 듯, 삶의 고비 고비마다 쉬어가라는 메시지 같다. 고개 숙인 대나무 잎을 보고 있노라면 위로만 올라가지 말고 아래도 쳐다보라는 경고 같다. 뭐든 하나를 열심히 보고 있으면 온갖 생각이 샘처럼 솟아난다. 대나무가 바람에 흔들리듯 마음도 흔들릴 때 맑은 소릴 들을 수 있다. 한음의 대나무 잎은 마치 한 마리 새 같다. 대나무가 날고 싶은가 보다, 한음이 어디론가 날아가고 싶은가 보다. 그러나 대나무는 평생 나는 연습만하다가 한 번도 날지 못할지도 모른다. 누구나 비상飛翔을 꿈꾸지만, 비상悲傷 없이는 그 꿈을 이룰 수 없다.

바람에 기댄 대나무

누구나 기대어 산다. 대나무는 바람에 기대 살아간다. 대나무는 바람을 만나 서로 부딪히면서 자신만의 소리를 낸다. 대나무가 바람을 만나 소리는 내는 것은 득음得音을 향한 몸부림이다. 대나무는 애초부터 속을 비워 득음의 경지에 올랐지만, 대나무의 득음은 바람을 만나야만 밖으로 드러난다. 그래서 대나무는 바람과 바람이 날 때 우리들에게 진면목을 보여준다. 대나무는 바람이 언제 올지도 안다. 대나무는 멀리서 바람이 오면 바람날 준비를 한다. 바람이 대나무에 닿는 순간 그 동안 갈고 닦았던 노래 솜씨로 바람을 유혹한다. 대나무는 바람이 다 가오면 비어있는 속을 통해 자신의 능력을 가지로 보낸다.

 득음의 경지에 오른 대나무는 백 년에 한 번쯤 가장 아름다운 소리를 낸다. 대나무가 가장 아름다운 소리를 낼 때 바로 꽃이 핀다. 그래서 백 년을 살지 못하는 사람은 대부분 대나무의 가장 아름다운 소리를 듣지 못 한다. 그러나 나는 운 좋게도 수 년 전 대나무 꽃을 보았다. 내가 대나무의 꽃을 볼 수 있었던 것은 순전히 나무를 사랑하려는 마음을 대나무가 알아줬기 때문이다. 그렇지 않다면 대나무에 꽃이 피었더라도 관심조차 없었을 것이기 때문이다. 꽃이 핀 대나무는 수척했다. 세상에서 가장 아름다운 소리를 내기 위해 모든 에너지를 쏟았기 때문이리라. 누구든 대나무처럼 세상에서 가장 아름다운 존재로 살기를 원하지만, 죽음 앞에서 그런 모습을 보여주고 싶지만, 한 순간도 빈틈없이 살지 않고서는 그런 경지에 이를 수 없다. 문득 꽃 핀 대나무의 흔적이 그립다.

남방의 식물에 매혹된 이유

출가한 파초

산사의 가을은 분주하다. 유명한 사찰은 단풍을 즐기는 사람들로 발 디딜 틈조차 없다. 우리나라 산사의 입구는 대부분 '비생태적'이다. 입장객을 많이 유치하기 위해 만든 시멘트 포장에다 길가에 세워둔 차량들로 걷고 싶어도 걸을 수가 없다. 내가 자주 찾는 팔공산 기슭의 파계사把溪寺도 가을이면 입구에 세워둔 차량 때문에 복잡하기 그지없다. 그래도 인내하고 올라가 일주문 오른편 한적한 오솔길로 들어서면 극락이 펼쳐진다. 가을에 이 길을 오르다보면 작은 연못에 비친 단풍을 볼 수 있다. 단풍은 물속에 비친 자신을 바라보면서 황홀경에 젖는다. 보는 사람도 함께 빠져들 수밖에 없다. 절 입구에 못을 만든 이유는 가파른 계곡에서 물을 잡아두기 위해서다. 그래서 파계사의 '파계'는 계곡을 잡는다는 뜻이다.

파계사의 본전인 원통전圓通殿은 주불主佛이 관세음보살이라서 붙인 이름이다. 파계사를 비롯한 사찰의 본전이나 나한전 같은 건물의 벽에는 거의 예외 없이 벽화가 있다. 이심전심以心傳心을 지향하는 선종 계열의 사찰에서 벽화는 불교의 사상을 드러내는 주요한 수단이다. 그래서 돌, 풀, 나무, 건물, 조각, 벽화 등을 아주 세심하게 봐야만 사찰에 담긴 철학과 사상을 이해할 수 있다. 원통전 뒤쪽에는 파초 그림이 있다. 큰 그림은 아니지만 벽화로 파초를 본다는 것만으로도 마음이 시원하다. 파초는 보는 순간 보는 이의 마음을 정화시키는 그런 매력적인 존재다.

　남국에 살던 파초가 파계사에서 출가한 데는 특별한 사연이 있을 것이다. 파초는 남방불교가 우리나라에 들어오면서 함께 출가했는지도 모른다. 종교에서 식물을 숭상하는 것은 그 식물의 특성과 밀접한 관계가 있다. 불교에서 뽕나뭇과의 보리수를 숭상하는 것은 석가모니가 그곳에서 수행했기 때문이고, 보리수나무가 살 수 없는 우리나라 사찰에서 피나무를 심는 이유는 보리수나무와 잎이 비슷하면서 열매로 염주를 만들기 때문이다. 무환자나뭇과의 무환자나무와 모감주나무를 선호하는 것도 열매로 염주를 만들기 때문이다.

　파초는 껍질을 벗기면 알맹이가 없다. 보통 껍질을 벗기면 알맹이가 있어야 좋은 식물이지만 불교에서는 그렇지 않다. 불교의 핵심 사상 가운데 하나가 '제법무상諸法無常'이다. 이 세상에는 항상 고정된 모습으로 남아있는 것이 없다. 사람의 몸이나 어떤 사물도 고정된 모습을 갖고 있지 않다. 그런 모습을 상상하는 게 집착이고, 일종의 상相이다. 그래서 인생은 '공수래, 공수거空手來空手去'다. 이런 상에서 벗어나면 인간은 자유롭게 살 수 있다. 원통전의 벽화 파초는 이곳을 찾는 중생이 파초 같은 삶을 살길 바라는 뜻에서 그린 것이다. 사찰에서

정선, 〈척재제시惕齋題詩〉
겸재가 지인에게 웅어 꿰미를 보냈으니 받는 사람은 얼마나 기분이 좋을까. 겸재가 임금의 수라상에 올랐을 만큼 맛있는 물고기를 보낸 것은 지인의 인품이 대단했기 때문이리라. 지인의 인품은 파초만 봐도 짐작할 수 있다.

파초를 만나지 않아도 출가할 수 있다. 집을 나선다고 해서 출가가 아니라 인식과 사고의 변화에서 출가는 시작된다.

파초 숲에서 술타령

정선의 〈척재제시惕齋題詩〉는 사대부 집안에서 파초가 어떤 위치를 차지하고 있는지를 잘 보여준다. 척재惕齋는 《주역》에 나오는 것처럼 저녁때까지 삼가야 한다는 '석척약夕惕若'을 의미한다. 이는 사대부의 정신을 잘 드러내는 당호堂號다. 이 그림의 주인공은 노론의 영수였던 척재 김보택金普澤(1672~1717)이다. 심부름꾼이 척재에게 멸칫과의 웅어를 보이자 그가 만면에 웃음을 머금고 고기를 쳐다본다. 수라상에 올랐을 만큼 맛이 좋은 웅어를 한 꾸러미씩이나 선물로 받았으니 웃

240 미술관에 사는 나무들

음이 절로 날 수밖에. 그보다 척재의 집을 떠올려 그린 겸재의 그림에서 압권은 한 그루의 파초다. 다른 나무에 비해 색도 선명하고, 넓은 잎이 다른 나무를 압도한다. 방안 서가의 책들은 어떤 내용인지 궁금하다. 주인공이 성리학자니 성리학 관련 책이겠거니 짐작할 수 있지만, 때론 성리학자들도 일탈을 꿈꾸는 법이니 다른 책일 가능성도 완전 배제할 수는 없다.

척재의 공간은 나무들로 다소 답답한 분위기다. 이처럼 건물 공간을 좁게 한 것은 성리학적 '경敬' 공부를 위한 전략일지도 모른다. 시선을 좁게 만들어 집중할 수 있는 공간을 만드는 게 성리학적 공부를 위한 공간배치였기 때문이다. 당연히 파초도 공부 거리다. 성리학자들이 파초를 공부의 대상으로 삼은 이유는 기일원론氣一元論 사상으로 성리학의 기초를 닦은 중국 북송 중기의 장재張載(1020~1077)의 시에서 확인할 수 있다.

파초의 심心 다하여 새 가지가 펼쳐지니
새로 말린 새 심이 몰래 벌써 따르네.
새 심으로 새 덕 기르길 배우고 싶구나
이내 새 잎 따라 새 지식이 생겨나네

파초가 온 힘을 다해 가지를 만들면 곧이어 새 가지가 돋아나는 모습이 성리학자들이 추구하는 '일신우일신日新又日新'과 같다. 성리학자들은 파초의 생태를 통해 지식에 대한 욕구를 불태웠고, 이는 덕성을 기르는 데 그 목적이 있었다. 성리학의 덕도 결국 불교처럼 욕망이 사라진 단계를 의미한다. 파초의 삶은 결국 인간이 추구하는 최고의 경지를 보여준다. 정선의 작품에 등장하는 파초의 돌돌 말린 잎이 펴지는 날, 척재의 번뇌도 사라질지 모른다.

중국 명말청초明末淸初 진홍수陳洪綬(1599~1652)의 〈초림작주도蕉林酌酒圖〉는 겸재의 그림과는 사뭇 다른 풍경이다. 진홍수의 그림은 중국 남방의 분위기가 물씬 풍긴다. 그의 그림은 한 그루의 파초만 있는 겸재의 그림과 달리 파초가 숲을 이루고 있다. 도사로 보이는 자가 파초 숲에 앉아서 술을 마시고 있는데 어찌 생각하면 불경스럽게 느껴지기도 한다. 이 작품의 파초는 줄기가 곧아 위풍당당하다. 이런 모습이라야 밑에서 술판을 벌일 만하다. 하夏나라를 멸망케 한 걸왕桀王의 주지육림酒池肉林을 연상케 하지만, 보기에 따라서는 멋진 풍류기도 하다.

이 그림은 명말청초 인물화가로 유명한 진홍수의 진면목을 보여준다. 자는 장후章侯, 호는 노련老蓮이다. 저장 성 제기諸暨 출생인 그는 도석미인화道釋美人畵·산수화·화조화를 잘 그렸다. 이 작품은 도사가 앉아서 술을 마시는 작품이니 도석미인도에 해당한다. 미인들이 술을 장만하는 장면, 넓은 돌판 위에 늘어놓은 책과 술, 기구는 술꾼들이 꿈꾸는 장면이다. 특히 곧게 뻗은 파초의 모습은 도사가 지향하는 정신을 잘 드러내고 있다. 소주蘇州의 태호太湖에서 가져온 듯한 기괴한 돌도 노인의 모습과 잘 어울린다. 잎 앞면과 뒷면의 색 대비도 눈을 사로잡는다. 파초 잎의 뒷면은 살모사의 목을 닮았다.

그림 앞쪽에서 술을 장만하고 있는 미인들의 심정이 궁금하다. 미인 중 한 사람은 파초 잎에 앉아있다. 파초의 잎이 워낙 커서 미인이 앉고도 절반이 남는다. 미인이 파초의 잎에 앉아있으니 더욱 빛난다.

진홍수, 〈초림작주도蕉林酌酒圖〉
파초 그늘에 앉아 술을 마신다. 그러나 혼자서 마시니 쓸쓸하다.
술을 준비하는 사람들과 함께 마시면 훨씬 맛있을 것이다. 여민작주與民酌酒라고나 할까.

그러나 구름이 끼어있지 않는 한, 그늘도 없는 곳에서 술을 장만하는 미인의 고통은 적지 않을 것이다. 파초 잎에 앉아있는 미인의 맞은편 미인은 다행히 작은 대나무 덕분에 강한 햇살을 피할 수 있다. 바위 위에 술잔은 다리가 세 개 달린 삼족三足이다. 중국 고대에서 술잔, 즉 '작爵'은 일종의 벼슬이었다. 술은 곧 신분이었고, 중국의 고대 통치자들은 술잔을 통해 국가의 질서를 잡았다. 예禮도 술을 통한 질서를 의미한다. 그래서 파초 숲에 앉아 술을 마시는 행위는 단순한 여흥이 아니라 우주의 질서를 깨닫는 시간일지도 모른다.

중국 청대 석도의 〈파초도〉는 잎을 강조한 그림이다. 스님 출신의 석도인지라 파초를 무척 좋아했을 법도 하다. 그림 중 꺾인 잎은 마치 한국의 전통 춤을 보는 듯하다. 한쪽 팔은 하늘을 향하고, 다른 한 팔은 땅을 향하는 전통 춤사위처럼 파초 잎도 하늘과 땅을 향하면서 균형을 잡고 있다. 전체적으로 잎은 옅어서 속살을 드러내지만, 꺾인 잎 아랫부분은 어둡고, 끝 부분은 진하다. 강약을 조화롭게 표현한 기술이 아름답다.

조국을 향한 파초의 그리움

파초 숲에 앉아있을 때 귀한 가을비를 만난다면 그는 축복 받은 사람이다. 파초가 머금은 물이 곧 감로수고, 감로수는 누구나 마시고 싶은 '단약丹藥' 혹은 '선약仙藥'이기 때문이다. 이육사李陸史(1904~1944)의 〈파초〉에도 가을과 빗소리가 등장한다. 시에는 조국을 잃은 작가의 슬픔이 서려있지만, 기억 속의 풍성한 파초는 조국에 대한 희망의 메시지다.

석도, 〈파초도芭蕉圖〉
파초의 농담濃淡이 뛰어난 작품이다. 한 풀 꺾여 고개 숙인 파초 잎은 주인공의
꺾인 이상 같아 가슴 아프다. 꺾인 자리에 짙은 먹물은 상처를 감추려는 의도일까.

항상 앓는 나의 숨결이 오늘은

해월海月처럼 게을러 은銀빛 물결에 뜨나니

파초芭蕉 너의 푸른 옷깃을 들어

이닷 타는 입술을 추겨주렴

그 옛적 《사라센》의 마즈막 날엔

기약期約없이 흩어진 두낱 넋이었어라

젊은 여인女人들의 잡아 못논 소매끝엔

고은 손금조차 아즉 꿈을 짜는데

남방의 식물에 매혹된 이유 245

먼 성좌星座와 새로운 꽃들을 볼때마다

잊었던 계절季節을 몇번 눈우에 그렷느뇨

차라리 천년千年 뒤 이 가을밤 나와 함께

비人소리는 얼마나 긴가 재어보자

그리고 새벽하늘 어데 무지개 서면

무지개 밟고 다시 끝없이 헤여지세

  내 고향에는 파초가 없다. 지금 생각하니 전형적인 양반 동네가 아니었기 때문인지도 모른다. 대신 평생 동안 파초 잎처럼 푸른 잎을 가진 양파와 더불어 살았다. 어린 시절부터 경험하지 못한 식물은 그리움으로 남지 않는다. 그래서 나에게 파초에 대한 그리움은 없다. 반면 엄청난 고통을 안겨준 양파에 대한 그리움이 남아있다. 이육사는 어떻게 파초에 대한 그리움을 쌓을 수 있었을까. 그는 어디서 파초를 처음 보았을까.

  안동에서 태어난 퇴계의 후손 이육사가 파초의 푸른 잎을 통해 조국의 미래를 보았다면, 나는 이육사의 시를 통해 독립운동가의 아픔을 읽는다. 그렇다. 독립운동가에게는 풀 한 포기마저 희망이다. 지푸라기 하나라도 잡고서 조국 해방을 꿈꾸는 독립운동가의 자세는 현재의 나에게도 절실하다. 이제 절박한 상황에서도 희망의 끈을 놓지 않는 독립운동가를 통해서 왜 선각자들이 파초를 심었었는지 깨닫는다.

상상의 나무에
물을 내리며

나무를 안고 가을 하늘 우러러

가을 산과 숲은 거대한 미술관이다. 낙엽 따라 걷거나 한두 잎 남아있는 나무를 안고 가을 하늘을 우러르면 내가 화가가 된 기분이다. 매년 봄과 가을에는 서울 하늘을 우러러 계절을 만끽한다. 미술 애호가들은 봄과 가을에 각각 한 차례씩 열리는 간송미술관 전시회 보는 재미로 한 해를 보낸다. 나도 흉내나 내볼 요량으로 그곳을 찾는다. 갈 때마다 사람들로 북적댄다. 찾을 때마다 전시회를 마련한 최완수 선생님을 잠깐 스치면서 뵙는 것도 큰 행복이다.

어느 해는 전시회 주제가 도교와 불교의 인물을 중심으로 한 '도석인물화전道釋人物畵展'이었다. 도석인물화는 도교와 불교를 이념적 바탕으로 한 삼청三淸, 삼관三官, 신선神仙, 도사道士 같은 도교적 소재나 불보살佛菩薩을 비롯한 나한羅漢, 승려僧侶 같은 불교적 소재를 다룬 그림을 말한다. 나는 그림을 보면서 나무가 곧 도교의 신선이자 불교

정선, 〈노자출관老子出關〉
노자가 함곡관을 나서는 모습이 의기양양하다. 노자가 오랑캐를 교화하기 위해 길을 나선다지만, 누군가를 교화한다는 것은 무척 위험하다. 노자의 사상대로 모든 생명체는 스스로 그러하기 때문이다.

의 나한이라는 생각을 지울 수 없었다. 그림 속에 등장하는 인물과 나무가 곧 하나의 신령스런 존재라는 것을 다시 한 번 확인했다.

'노자가 함곡관函谷關을 나간다'는 뜻을 지닌 정선의 〈노자출관老子出關〉에 등장하는 소나무도 신선이다. 이 그림은 이른바 노자가 오랑캐를 교화했다는 《노자화호경老子化胡經》에 근거하고 있다. 《노자화호경》에 따르면, 노자가 득도한 후 오랑캐를 교화하기 위해 몰래 서역으로 가려고 청우靑牛를 타고 함곡관을 나서는데, 함곡관의 관리 윤희尹喜가 노자를 알아보고 간곡하게 도를 묻는다. 이에 노자가 마지못해 《도덕경道德經》 오천언五千言을 남기고 떠났다는 내용이다. 얼토당토않은 이야기지만 그림은 이를 근거로 그려졌고, 송대 이후 도석화의 화제로 많이 등장한다.

　노자가 오랑캐를 교화한다는 논리는 중국의 중화사상과 맞물려있다. 한족 외의 다른 민족을 낮게 평가하는 중화사상은 중국인에게 자부심을 심어주었지만, 중국이 반半식민지로 전락한 원인이기도 했다. 중국인들이 지금도 버리지 못한 중화사상은 사람이 식물을 대하는 태도에도 그대로 이어진다. 식물을 지배할 수 있는 대상, 사람보다 낮은 존재로 파악한다. 그래서 만들어진 용어가 '만물의 영장'이다. 그러나 사람은 결코 만물의 영장일 수 없다. '만물의 영장'이라는 발상 자체가 오만의 극치다. 사람만이 가지고 있는 여러 가지 특징은 단지 살아남기 위한 몸부림에 지나지 않는다. 생명체에는 등급이 없다. 사람이 아무리 생명체에 등급을 매기더라도 죽음 앞에서는 아무 소용이 없음을 깨달아야 한다.

　그림 속의 소나무는 조선 전통 수법樹法인 극단적인 감필減筆로 그린 것이다. 소나무의 잎은 수레바퀴살처럼 솔잎을 원형으로 그리는 차륜엽법車輪葉法이며, 소나무 외의 나무들은 나무 잎 새를 윤곽선으로 그리는 협엽법夾葉法과 잎새나 이끼 등을 쥐 발자국 모양의 점으로 그리는 서족점법鼠足點法이다. 대나무는 빽빽한 대나무를 그려내듯 그리는 밀죽법密竹法이며, 멀리 있는 나무, 즉 원수遠樹는 담청淡靑으로 흐려진 미가원수법米家遠樹法이다. 미가원수법의 미가는 미불米芾(1051~1107)을 의미한다. 그는 미점법米點法이라는 독자적인 점묘법點描法을 창시해서 원말사대가元末四大家와 명明나라의 오파吳派에게 영향을 주었던 중국 북송 시대의 화가이자 서예가다. 그림의 낙관 옆에는 '도기가 얼굴에 가득하다〔道氣滿面〕'내용이 있고, 소나무 밑동 바위 근처에는 '소매 속의 책을 찾다〔探袖中書〕'는 내용이 적혀있다. 모두 이 그림을 사랑한 사람들의 애정 표시다.

중국 명대 운간파雲間派의 시조인 심사충의 〈산고수장山高水長〉에 등장하는 소나무는 그 기세가 대단하다. 삼수대립법三樹對立法으로 그린 오른편의 세 그루 소나무 밑에는 세 사람이 모여있다. 그중 두 사람은 담소를 나누고, 한 사람은 뭔가를 그리고 있다. 소나무의 가지는 바람에 날리는 듯 계곡쪽으로 기울어있다. 그림의 오른편에는 세 그루의 소나무만 보이지만, 가지의 모습으로 보면 뒤편에 적지 않은 소나무가 있거나 아주 큰 소나무가 있음을 짐작할 수 있다. 이들이 앉아있는 곳은 솔숲처럼 보인다. 그런데 그림만으로는 제목처럼 산이 높은지 짐작하기 어렵다. 그림에 등장하는 소나무는 대부분 상처가 있다. 이는 수령이 적지 않다는 방증이다. 물살도 상당히 급하다. 친구들끼리 시비 소리를 피해왔는지, 아니면 그냥 놀러왔는지는 알 수 없지만, 무척 한가롭다. 누구나 나무에 관심을 가지면 이런 생활을 즐길 수 있다.

심사충은 장쑤 성 화정華亭 출신이다. 그는 원말사대가 중 왕몽王蒙(1308?~1385), 황공망黃公望(1269~1354)의 영향도 받았지만, 동시대의 동기창董其昌(1555~1636)의 영향을 강하게 받았다. 특히 그의 수법樹法과 준법皴法은 동기창의 그림과 분간하기 어려울 정도다.

역경을 읽고, 역경을 딛고

중국 청대 석도의 〈송창독역도松窓讀易圖〉는 창문 사이로 소나무가 보이는 곳에서 《역경易經》을 읽고 있는 장면이다. 주인공이 거처하고 있는 곳은 기암절벽이다. 이곳에서 《역경》을 통해 세상과 우주의 이치를 배우고 있는 것일까. 건물 지붕이 기와인 게 좀 특이하다. 이런 종류의 그림에는 대개 초막이 등장하기 때문이다. 문을 연 상태에서 《역경》을 읽고 있는 것으로 보아 계절은 늦은 봄 아니면 여름일 게다. 건물은 바위와 가파른 계곡에 있다. 이런 위치는 주변에 시선을 빼앗기지 않기 때문에 마음공부에 적합하다. 기암절벽이 펼쳐져있지만 나무도 적지 않다. 그중에서도 소나무가 선명하다. 특히 건물 사이와 바위절벽의 소나무가 시선을 사로잡는다. 큰 바위 뒤에 사는 소나무가 어떤 모습으로 뿌리를 내리고 있는지 궁금하다. 바위에는 소나무 외에도 다른 큰 나무가 한 그루 살고 있다. 그런데 이 나무는 옆으로 누워있는 모습이다. 마치 나무가 바위의 허리를 감싸고 있는 듯하다. 나무가 바위를 무척 사랑하나 보다. 소나무가 보이는 창가에서 《역경》을 읽는 것도 행복이겠지만, 혹 비라도 내리면 《역경》을 거두고 소나무에 떨어지는 빗방울을 바라보는 것만은 못할 것이다. 솔잎 끝에 송골송골 맺힌 빗방울은 상상만으로도 가슴이 벅차다.

 밖으로 나와 바위 옆으로 난 계단을 따라 계곡으로 내려가면 맑은 물이 흐를 터. 그곳에 발 담그고 소나무를 우러르다가 계곡에서 나와 바위에 올라 하늘을 바라보면, 《역경》을 읽지 않더라도 세상의 이치를 깨달을 수 있지 않을까. 정자 앞 폭포는 바라만 봐도 마음속 울분을 토해낼 수 있을 것 같다.

 작품처럼 산속 정자에서의 독서는 살림이 넉넉한 사람이나 도를 깨친 사람들의 놀이지만, 나처럼 가난한 농부의 아들들은 여름철 소에게 꼴을 먹이러 가서나 독서의 기회가 있었다. 어린 시절 나는 정자는 아니지만 바위나 리기다소나무 그늘에 앉아서 한국 단편소설이나 세계 명작을 읽곤 했다. 이런 즐거움을 누릴 수 있었던 것은 모두 독서

심사충, 〈산고수장山高水長〉(부분)
산이 깊으면 물도 많은 법이고, 물이 많은 것은 나무가 많기 때문이다.
길에 드리운 소나무 가지 아래 앉아 담소하는 사람들 모습도 산수처럼 넉넉하다.

를 좋아했던 큰형님 덕분이지만, 농촌에서 태어난 덕분이기도 하다. 산들바람이 불면 책으로 얼굴을 가리고 낮잠을 즐긴 시간도 참 행복했다. 그 시절에는 구태여 《역경》을 읽지 않아도 세월의 변화를 알 수 있었고, 당시의 기억이 역경을 딛고 서는 힘이 되었다.

성북동 길상사의 역경

성북동에 위치한 간송미술관은 무지한 나의 미술 지식을 한 단계 높여주었다. 그래서 간송미술관으로 가는 시간은 참 행복했다. 이런 행복은 간송미술관이 존재하는 한 계속될 것이지만. 간송미술관 가는 길이 나를 더욱 행복하게 하는 이유는 길상사 때문이다. 내가 전시회 관람 후 길상사로 가는 이유는 글로써 나의 젊은 시절을 행복하게 만들어주신 법정 스님이 그곳에 계셨기 때문만은 아니다. 가을에 들르면 매력적인 단풍 때문에 돌아오기가 싫을 정도다.

　삼각산 남쪽에 위치한 길상사의 단풍은 이곳의 《역경》이다. 단풍나무에서 우주의 변화를 느끼지 못하고 부처님의 말씀을 느끼지 못한다면, 어처구니없는 일이다. 햇살 머금은 단풍잎은 잎맥이 선명하다. 잎맥은 나무의 결이고, 우주의 질서고, 삶의 길이다. '결'은 내가 아주 좋아하는 단어다. 나무의 길이 나무결이다. 나무의 결이 나무의 삶인 것처럼 사람도 자신의 결대로 살아가는 것이 최고의 행복이다. 그러나 우리나라의 교육은 저마다의 결을 존중하지 않는다. 그저 누군가가 정한 길과 목표에 맞추는 '반결 교육'이다. 길상사의 단풍이 아름다운 것은, 이 세상에 살고 있는 식물이 아름다운 것은 각자 결대로 살아가고 있기 때문이다.

가을에 간송미술관 가는 길이 행복한 또 다른 이유는 근처 선잠단지先蠶壇址 때문이다. 선잠단지는 조선 시대 왕후가 누에를 친 역사적인 현장이다. 임금이 곡물 농사를 주관했다면, 왕후는 잠상蠶桑을 주관했다. 뽕나무와 누에치기는 옷감을 장만하는 데 매우 중요한 부분이었기에 국가에서도 이것들을 귀하게 생각했다. 지금도 선잠단지에는 뽕나무가 있다. 덕분에 여름에는 성북동 비둘기가 오디로 배를 채우고, 가을 귀뚜라미는 뽕잎에 맺힌 새벽이슬로 목을 축인다. 그리고 간송미술관 가을 전시회가 열릴 즈음이면 뽕나무가 노랗게 물든다. 서울에서 뽕나무 잎이 누렇게 물들어가는 장면을 볼 수 있는 것만으로도 대단한 축복이다.

참고문헌

尙大竺 編著, 《書畫》, 山東友誼出版社, 2002.
石莉, 《文徵明》, 河北敎育出版社, 2004.
邵學海, 《長江流域美術史》, 湖北敎育出版社, 2005.
申石伽·申二伽, 《山水畫技法》, 上海古籍出版社, 1999.
王安節, 《介子園畫傳》, 共和書局, 1914.
兪劍華 編, 《中國美術家人名辭典》, 上海人民美術出版社, 2002.
李亮, 《詩畫同源與山水文化》, 中華書局, 2004.
李廷華, 《趙孟頫》, 河北敎育出版社, 2004.
丁家桐, 《楊州八怪傳》, 上海人民美術出版社, 1993.
周林生 主編, 《近現代繪畫》, 河北敎育出版社, 2004.
陳傳席·談晟廣, 《唐寅》, 河北敎育出版社, 2004.
蔡罕, 《北宋翰林圖畫院及其院畫硏究》, 浙江人民出版社, 2002.
洪惠鎭, 《吳道子·王維》, 河北敎育出版社, 2004.
華彬, 《中國宮廷繪畫史》, 遼寧美術出版社, 2003.
黃恩源 責任編輯, 《中國畫技法全書》, 河南美術出版社, 2002.

박영대, 《우리 그림 백가지》, 현암사, 2002.
박용숙, 《한국미술사 이야기》, 예경, 1999.
이동주, 《우리 옛 그림의 아름다움》, 시공사, 2006.
지순임, 《중국화론으로 본 繪畫美學》, 미술문화, 2005.

동기창, 변정섭 외 옮김, 《畫眼》, 시공사, 2003.
마츠바라 사브로 편, 김원동 외 옮김, 《동양미술사》, 예경, 1998

세상에서 가장 아름다운 붓
미술관에 사는 나무들

1판 1쇄 펴냄 2011년 4월 15일
1판 2쇄 펴냄 2012년 5월 31일

지은이 강판권

펴낸이 송영만
펴낸곳 효형출판
주소 우413-756 경기도 파주시 교하읍 문발리 파주출판도시 532-2
전화 031 955 7600
팩스 031 955 7610
웹사이트 www.hyohyung.co.kr
이메일 info@hyohyung.co.kr
등록 1994년 9월 16일 제406-2003-031호

ISBN 978-89-5872-102-4 03910

이 책에 실린 글과 그림은 효형출판의 허락 없이 옮겨 쓸 수 없습니다.

값 14,000원